电子商务类专业
创新型人才培养系列教材

社群运营

AI+微课版

张慧 杨万娟◎主编

蔡蕊 王淏◎副主编

人民邮电出版社

北 京

图书在版编目（CIP）数据

社群运营：AI+微课版 / 张慧，杨万娟主编.
北京：人民邮电出版社，2025. --（电子商务类专业创
新型人才培养系列教材）. -- ISBN 978-7-115-66536-2

Ⅰ. F713.365.2

中国国家版本馆 CIP 数据核字第 2025PD6832 号

内 容 提 要

本书主要介绍在移动互联网时代如何构建和运营社群，主要内容包括社群与社群运营概述、社群
构建、社群扩张、社群促活、社群管理、社群活动运营、社群变现、社群数据分析。

本书通过项目任务式结构讲解相关知识点，以一个运动健身用品品牌的粉丝社群的运营为例，以
任务带动社群运营的实施，化理论为实践、化抽象为具体，旨在培养读者的实践能力，帮助读者尽快
掌握社群运营的相关技能与策略。

本书适合作为高等职业院校和应用型本科院校电子商务类、市场营销类、企业管理类等专业社群
运营相关课程的教材，也可供社群运营的从业人员参考。

◆ 主　　编　张　慧　杨万娟
　　副主编　蔡　蕊　王　淏
　　责任编辑　王　振
　　责任印制　王　郁　彭志环
◆ 人民邮电出版社出版发行　　北京市丰台区成寿寺路 11 号
　　邮编　100164　　电子邮件　315@ptpress.com.cn
　　网址　https://www.ptpress.com.cn
　　山东华立印务有限公司印刷
◆ 开本：787×1092　1/16
　　印张：12　　　　　　　　　　　2025 年 4 月第 1 版
　　字数：289 千字　　　　　　　2025 年 7 月山东第 2 次印刷

定价：52.00 元

读者服务热线：(010)81055256　印装质量热线：(010)81055316
反盗版热线：(010)81055315

前　言

近年来，随着移动互联网信息技术的发展，各种社群已经成为人们交流、分享和协作的重要平台，很多企业也通过运营社群来维护与用户的关系，以促进产品销售、收集市场反馈及提升品牌形象，因此拥有精细化运营能力的社群运营人才受到了很多企业的青睐。

为了推动网络运营专业人才的培养，响应党的二十大报告中提出的"培养造就大批德才兼备的高素质人才"的号召，我们在充分研究社群运营相关知识的基础上编写了本书，旨在为院校的人才培养提供指导用书。

本书具有以下几个特点。

1. 情景贯通，形象生动

本书以一家网络科技公司帮助运动健身用品品牌库优构建并运营粉丝社群为主线，通过社群运营中的各种工作场景引入各项目教学主题，并将此情景贯穿全书，旨在让读者形象地了解相关知识点在实际工作中的应用情况，做到理论与实践相结合。

本书设置的情景、角色如下。

公司：北京荣邦网络科技有限公司——一家大型网络科技公司，主营业务包括计算机软件与技术开发、商务信息咨询、电子商务管理、网络商务服务、网络营销等。

人物：小张——新媒体运营部新员工，老李——新媒体运营部经理。

2. 任务驱动，实操性强

本书采用项目任务式结构，符合职业教育对技能型人才的培养要求，这主要体现在如下几个方面。

- **流程清晰**：本书围绕库优品牌粉丝社群运营的各项任务，一步步讲解实施社群运营的流程，包括社群构建、社群扩张、社群促活、社群管理、社群活动运营、社群变现、社群数据分析等内容，给予读者职业方向上的指导。

- **任务明确**：本书每个项目通过"学习目标"板块给出知识、技能和素养目标，然后根据目标划分多个任务。每个任务通过"任务描述"板块明确任务的背景及实施方法，再通过"任务实施"板块中的各项活动来完成。

- **步骤连贯**：本书的操作步骤清晰、连贯，且配有图片和表格，可以帮助读者清楚地了解任务过程中的每个步骤，使读者能够根据清晰的操作步骤描述完成任务。

- **注重实操**：本书简化了理论知识，将重点放在实际操作上，以增强读者的实操能力。同时，每个项目末尾有"综合实训"板块，以进一步提升读者的操作能力。

3. 板块新颖，内容翔实

本书在板块设计上注重培养读者的思考能力和动手能力，努力做到"学思用贯通"与"知信行统一"相融合，并在正文讲解与操作步骤中穿插了以下多个板块。

- **行业点拨**：穿插于正文中，补充介绍与正文相关的其他知识点，以拓展读者的知识面。
- **素养课堂**：与素养目标呼应，充分融入社会责任感、奋斗精神、诚实守信、遵纪守法和家国情怀等内容，以启发并引导读者树立正确的人生观和价值观。
- **技能练习**：旨在让读者练习任务相关的操作，提升读者的实操能力。

4. 立德树人，素质引领

本书全面落实党的二十大精神，贯彻实施科教兴国战略、人才强国战略、创新驱动发展战略，以社会主义核心价值观为引领，培养德智体美劳全面发展的社会主义建设者和接班人。本书编写以能力和素质培养为核心，以"重基础与技能，育能力与创新"为原则，结合家国情怀、工匠精神和职业素养等维度，构建全面育人体系。

5. 配套全面，资源丰富

本书提供精美的 PPT 课件、课程标准、电子教案、题库练习软件等教学资源，读者可以登录人邮教育社区网站（www.ryjiaoyu.com）搜索本书书名下载使用。

本书还以二维码的形式对书中知识点进行说明、补充和扩展，并配有讲解社群运营相关操作步骤的微课视频，读者可直接扫描书中二维码进行查看。

本书秉持产教融合理念，由学校专业教师和行业专家共同编写完成。本书由北京财贸职业学院的张慧、湖北国土资源职业学院的杨万娟担任主编，北京财贸职业学院的蔡蕊、甘肃畜牧工程职业技术学院的王淏担任副主编，厦门网中网软件有限公司的蔡理强参编。

尽管编者在本书的编写过程中精益求精，但由于水平有限，书中难免有不足之处，恳请广大读者批评指正。

编者

2025 年 1 月

目录

项目四　**社群促活** ·············· 58

项目五　**社群管理** ·············· 92

社群与社群运营概述

学习目标

【知识目标】

1. 了解社群的含义、特点与演变的相关知识。

2. 掌握社群的商业价值和构成要素的相关知识。

3. 熟悉社群运营的含义、特点和阶段性策略的相关知识。

【技能目标】

1. 能够分析某个具体社群的商业价值和构成要素。

2. 能够为社群规划不同发展阶段的社群运营策略，做好宏观发展规划。

【素养目标】

深刻理解社群对于赋予个人归属感的价值，进而增强对社会的认同感。

项目导读

提起社群，人们第一时间想到的可能是微信群、QQ 群这样的网络社群，其实社群的历史十分悠久。从古代到现代，人们始终保持着对社交和群体归属感的强烈渴望。随着互联网技术的普及，社群得到快速发展，逐渐成为人们生活中的一部分，很多企业和品牌也开始利用社群来实现商业目标。

库优是一个新兴的运动健身用品品牌，旗下产品包括运动服饰、专业运动鞋、健身配件（如瑜伽垫、跳绳、哑铃、健身手套等）、智能穿戴设备等，目标用户是年轻、追求时尚的运动健身爱好者。经过多年经营，库优在国内已有一定知名度，现在希望通过社群加强与用户之间的联系，同时促进产品的销售。库优委托北京荣邦网络科技有限公司承担该工作，该公司将任务分配给新媒体运营部，老李作为部门经理，准备带领部门新人小张完成这项任务。

引导案例

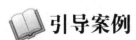

企业家社群正和岛

2011 年，《中国企业家》杂志原社长创立了企业家社交平台——正和岛。正和岛自成立以来迅速发展，成长为一个汇集全国乃至全球范围内优秀企业家的社群。

正和岛的社群形态经历了从概念的萌芽到运营体系的成熟的演变。最初，正和岛自发组织各种活动和小圈子，如正和春宵、温暖委员会等。2013 年初，这些小圈子统一被命名为"部落"。部落基于共同的兴趣、行业、学习需求或地域等因素形成，涵盖从兴趣爱好类、学习类、行业类到文化综合类等广泛类别。

正和岛由经过严格筛选的 4000 余位年营收或市值达 1 亿人民币以上企业的董事长或首席执行官（Chief Executive Officer，CEO）组成，其中包括数百位领袖级企业家。正和岛设有严谨的"五戒六规"，旨在维护社群的良好氛围与健康运行。在正和岛中，社群话题围绕企业管理、行业洞察、政策解读、企业案例等领域展开，旨在促进知识分享与思维碰撞。此外，正和岛还通过年度家宴、部落活动等形式来增强成员的归属感，构建紧密联系的社群文化。

正和岛部落的商业价值在于其能够促进深度社交，为企业家提供一个安全可靠的交流平台，使他们能够在相互信任的环境中分享资源、寻求合作、解决问题和共同成长。另外，正和岛还通过举办各类线上线下活动，如行业研讨会、企业走访调研、私人董事会等，来加强企业家之间的联系，并且为企业带来实质性的业务机会和合作项目。

点评：正和岛通过构建一个基于信任的社群，促进企业家之间的深度连接，为成员提供丰富的学习资源和商业合作机会，这展现了社群在现代商业环境中的巨大潜力和价值。

任务一　认识社群

任务描述

刚接手任务，老李安排小张先熟悉社群的相关理论知识，然后选择一个典型的社群案例进行分析，以加深对社群的理解。任务单如表 1-1 所示。

表 1-1　　　　　　　　　　　　　　　　任务单

任务名称	分析典型社群案例	
任务背景	分析典型社群，可以增加对社群的了解，其中十点读书社群有着广泛的用户基础、高质量的内容、有效的社群互动机制，并能通过多元化方式变现，是一个成功的社群，因而值得深入分析	
任务类别	■ 认识社群　□ 认识社群运营	
工作任务		
任务内容	**任务说明**	
任务演练：分析典型社群案例	从社群的商业价值、构成要素两个方面入手分析	

任务总结：

一、社群的含义与特点

社群是一群人基于共同的兴趣、目标、价值观或地理位置等因素而形成的集体。社群具有以下关键特点。

（1）共同点。社群成员通常有某些共同点，如相似的兴趣、职业、文化背景或地理位置，这些共同点是社群形成的基础。

（2）持续互动。社群成员通常保持持续的互动，这种互动可以在线上或线下进行，可以通过会议、聚会、社交媒体、论坛等多种方式实现。

（3）归属感。社群能为社群成员提供归属感，即让社群成员感觉自身属于一个更大的集体，进而增强个人的身份认同感。

> **素养课堂**
>
> 人是一切社会关系的总和，这意味着人是社会性的存在，会通过社会关系来定义自己。社群提供了一个交流平台，让个体能够与他人建立联系，满足其社会性的需求。

（4）协作与支持。社群往往鼓励成员之间的合作，包括共同解决问题、分享资源、提供帮助，以达到共同的目标或满足共同的需求。

（5）边界意识。社群通常会有某种形式的边界，以明确哪些人是社群的成员，哪些人不是。这些边界可能是开放的，也可能是相对封闭的。

（6）规范性。社群内部可能会形成共同的规则、行为规范和价值观，用来指导成员的行为。

在互联网时代，社群的概念被广泛应用于虚拟空间，如论坛、微信群等。这些线上社群可以跨越物理界限，使来自世界各地的人们能够基于共同的兴趣和目的聚集在一起。

二、社群的演变

社群不是现代社会才有的概念。人类最初以血缘关系为基础聚合在一起，形成"血缘社群"，后来又有以行业资源、商业合作为纽带形成的业缘社群（如晋商、徽商），以及"以文会友"的志缘社群等。

在互联网时代，社群的演变涵盖从虚拟社区到即时通信工具，从移动互联网时代的移动社交到新媒体时代的社群经济的转变，这一过程反映了技术进步、用户需求变化及商业模式的演进。

（一）虚拟社区兴起

互联网作为信息输出平台，最初主要用来查找信息。随着人们对交流重要性的认识逐渐深入，主流门户网站（如雅虎、搜狐等）开始搭建在线论坛，即虚拟社区。虚拟社区让人们可以与全球各地有共同兴趣的人互动，但缺乏深化关系的有效渠道，导致用户流失率高，这为后来的社群运营提供了教训。

（二）即时通信工具出现

1999年，腾讯公司推出QQ，它不仅支持即时聊天，还提供保存用户信息、离线消息等功能。QQ弥补了虚拟社区在深度交流方面的不足，具备群聊、文件传输、QQ空间等功能，促进了社群的形成。由此，虚拟社区的活跃用户开始转向QQ群，这是最早的互联网社群雏形。

QQ群满足了多人群聊的需求，它允许用户创建或加入一个群组，实现多人同时在线交流。QQ群的出现，使得互联网用户能够基于共同的兴趣、职业、地域或其他共同点聚集起来。随着QQ群功能的不断完善，QQ群逐渐成为一个综合性的社群平台，拥有文本聊天、语音通话、文件共享、群公告、群相册等功能。作为互联网社群的早期形态，QQ群不仅满足了人们的社交需求，也为后续社交媒体平台上的社群运营提供了经验。

（三）移动互联网时代的移动社交

随着移动互联网技术的成熟及智能手机的普及，人们的网络社交逐渐从PC（Personal Computer，个人计算机）端转向移动端，手机QQ和微信的出现，标志着社群运营进入移动互联网时代。

手机QQ逐渐从简单的聊天工具转变为多功能的移动平台，增加了地理位置、支付、个性化阅读等功能。而手机QQ群则让社群成员们能随时随地通过社群进行交流，尤其在学生群体、职场人士中，手机QQ群成为他们日常沟通和开展社群活动的主要渠道之一。

微信凭借简洁的界面和不断优化的新功能赢得了大量用户，用户通过其语音、通讯录匹配、朋友圈等功能，能够构建基于熟人关系的紧密网络，这为微信群的形成奠定了基础。另外，微信群还得到了微信其他板块的支撑：微信公众平台可以作为社群内容发布和传播的渠道，向社群成员推送深度内容；微信小程序的嵌入丰富了微信群的功能，使其可以为社群成员提供电商购物、生活服务和游戏娱乐等服务，提高社群成员的活跃度和黏性。

（四）新媒体时代的社群经济

随着公域流量（指互联网上由社交媒体、搜索引擎、电商平台等大型平台所拥有的用户流量，这些流量向所有参与者开放）的获取成本不断攀升，将用户从公域流量池引导至企业直接控制的社群，如微信群、品牌App等，成为一种必然选择。这些社群内的成员通常被视为企业能直接且以低成本接触和转化的潜在用户群体。

社群经济就是在这样的背景下蓬勃发展起来的。企业通过创建并维护社群，不仅能够提升用户黏性，还能促进口碑传播，形成正向的品牌效应。同时，社群内的成员基于共同的兴趣、需求或价值观聚集，为企业提供了精准营销的机会。企业可以通过社群进行产品推介、促销推广、客户服务，甚至收集用户反馈，以优化产品或服务。

在社群经济时代，社群不仅是品牌传播的载体，更是品牌文化、价值观念的孵化器，代表着商业生态未来的发展方向。

三、社群的商业价值

社群的商业价值在于它能够促进企业与用户之间更直接、更有效的互动，这种互动不仅能够促进销售，还能提高用户忠诚度，最终推动企业长期发展。

（1）精准营销。社群聚集了具有共同兴趣或需求的个体，这使得企业能够以更精准的方式投放广告，通过提高广告内容的相关性，实现更佳的营销效果。通过社群，企业可以直接与目标用户对话，收集实时反馈，从而调整营销策略。

（2）培养忠诚用户。在社群环境中，企业可以与用户建立更深层次的情感联系，培养忠诚的用户群体。忠诚用户更有可能重复购买企业的产品或服务，从而为企业带来稳定的收入。

（3）促进交易。社群为企业提供了一个直接面对用户的交易平台，通过社群，企业可以减少中间环节，直接向用户推销产品或服务。社群的互动性和信任基础能够促进即时消费，提高转化率。

（4）用户洞察。社群成员的反馈和讨论可以帮助企业洞察用户需求，有助于产品或服务改进和创新。另外，企业还可以主动收集用户需求，通过问卷调查、话题讨论等方式，了解用户的需求，使产品或服务更加贴合用户需求。

（5）客户关系管理。社群是客户关系管理的有力工具，它可以帮助企业保持与用户的持续沟通，及时解决用户问题，提升服务质量。另外，社群成员的互动行为还能帮助企业识别忠诚用户，从而实施差异化服务策略。

四、社群的构成要素

社群的构成要素是社群得以形成、维持和发展的重要基础。同时，这些构成要素确保社群具有明确的目标、合理的结构、较强的活力和一定的可持续性。

（1）同好。同好是社群成立的首要前提，指的是社群成员对某一主题、活动、价值观或目标的共同兴趣或认可，如汽车"发烧友"社群的同好是汽车。同好是社群成员聚集在一起的原因，也是社群存在的核心价值。

（2）结构。有效的结构能够确保社群的稳定性，包括成员如何加入、退出，以及社群的日常运作规则。结构为社群提供框架，使其能够有序地运行和发展。

（3）输出。输出是指社群能够为成员提供的价值，包括信息、资源、服务、产品或经验等，如一个美妆社群的输出是各种美妆产品的使用心得、化妆技巧等有价值的内容。社群的输出是衡量其价值和吸引力的重要指标，也是社群成员是否愿意加入和留下的重要影响因素。

（4）运营。运营涉及社群的日常管理和活动策划，包括建立仪式感、参与感、组织感和归属感。良好的运营可以增强社群的凝聚力，提升成员的满意度和忠诚度。运营策略应该侧重于建立规范、提升质量、增强凝聚力。

（5）复制。复制指的是社群规模的扩张和社群模式的复制能力，其决定社群的规模。社群发展到一定程度时，就可以通过复制已有运营模式来进行裂变，最终扩大规模。社群复制需要找到一个平衡点，从而既能扩大规模，又不会因为过度膨胀而导致社群质量下降或管理困难。复制能力是社群能否持续发展的关键影响因素。

社群的这 5 个构成要素相互依存，共同作用于社群的生命周期。一个健康的社群需要在这些构成要素之间取得平衡，以确保社群的活力、成员的参与度及社群的长期可持续发展。

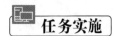 **任务实施**

任务演练：分析典型社群案例

拓展阅读

十点读书社群
资料

【任务目标】

分析十点读书社群资料，了解该社群的商业价值和构成要素。

【任务要求】

本次任务的具体要求如表 1-2 所示。

表 1-2　　　　　　　　　　　　　任务要求

任务编号	任务名称	任务指导
（1）	分析社群商业价值	主要分析社群如何变现
（2）	分析社群构成要素	分析社群构成要素：同好、结构、输出、运营、复制

【操作过程】

1. 分析社群商业价值

十点读书社群通过高质量的、多元化的原创内容来持续吸引成员，促使成员长期关注和参与社群互动，同时通过定期举办线下读书会、线上分享会和兴趣小组等社群活动来增强成员黏性，进而培养出一大批忠实成员。这些忠实成员具有较强的付费意愿，十点读书社群顺势通过以下方式实现变现。

（1）销售大量知识付费课程，内容涉及心理学、时间管理、化妆、PPT 制作等方面。

（2）向社群成员销售图书、文创产品、生活用品等。

（3）与广告主合作，基于社群成员数据洞察，向社群成员精准推送广告。

（4）推出会员订阅制，会员权益包括专属图书、音频书等。

2. 分析社群构成要素

小张针对十点读书社群的构成要素进行了全面分析，结果如表 1-3 所示。

表 1-3　　　　　　　　　　十点读书社群构成要素分析

构成要素	分析结果
同好	共同兴趣：社群成员对阅读和个人成长抱有浓厚的兴趣
	目标一致：社群成员希望通过阅读来提升自我，实现个人目标
	文化认同：社群营造了一种积极向上的学习氛围，成员之间相互尊重和支持
结构	角色分配：管理员、群助手、线下读书会的班长等角色负责管理和指导
	活动规划：定期举办线上线下活动；开展固定打卡活动，社群成员定期提交阅读作业
输出	内容创作："十点读书"微信公众号提供各种类型的高质量文章供社群成员阅读
	领读模式：领读人为成员推荐图书并引导讨论
	活动成果：100 天阅读训练营等活动中产生的个人成长故事或心得
	嘉宾分享：定期邀请嘉宾进行线上分享，提供专业见解，分享经验

（续表）

构成要素	分析结果
运营	活动策划：组织多样化的活动，如线上分享会、线下读书会等 内容推广：通过社交媒体平台发布内容吸引外部用户的关注 社群管理：由管理员和群助手等维护社群秩序，解答成员疑问 数据分析：收集成员反馈和行为数据，用于优化社群运营策略
复制	模式扩展：社群的成功模式可以被其他分会复制 分会设立：在全国各地设立分会，以适应不同地域成员的需求 资源共享：各分会之间共享资源，包括内容、活动经验等 标准化流程：为新分会提供一套标准化的操作流程指南

任务二　认识社群运营

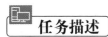 **任务描述**

接下来，老李继续安排小张熟悉社群运营的相关知识，并为库优品牌的粉丝社群规划社群运营策略。任务单如表1-4所示。

表 1–4　　　　　　　　　　　　　　　　任务单

任务名称	规划社群运营策略	
任务背景	老李安排小张预先为库优品牌的粉丝社群规划不同发展阶段的运营策略，但考虑到小张不具备足够的前瞻性和经验，建议小张只进行简单规划，后续在运营过程中再根据实际情况进一步调整、细化，避免运营策略脱离实际	
任务类别	□ 认识社群　■ 认识社群运营	
工作任务		
任务内容	任务说明	
任务演练：规划社群运营策略	规划时主要参考社群各阶段的常用策略	

任务总结：

 **知识准备**

一、社群运营的含义与特点

社群运营是指通过一系列策略、方法和手段，对社群进行有效的管理、维护和发展。社群运营是一种管理实践，它涉及对社群成员的引导、激励和维护，以及对社群内容、活动和规则的规划和执行。社群运营的目的是建立一个稳定、活跃且具有吸引力的社群，促进成员之间的交流和协作，同时实现社群的长期发展。社群运营具有以下特点。

（1）互动性强。社群运营强调双向沟通，社群运营人员常常与社群成员保持密切的互动，善于倾听社群成员的声音，能够针对不同社群成员的个性和需求，提供多样化的互动体验，增强社群成员的归属感。同时，社群运营要求定期举办社群活动，如主题讨论、户外活动等，给社群成员带来良好的互动体验，以此增强社群的凝聚力。

（2）参与度高。社群运营注重激发社群成员的积极性和主动性，鼓励他们参与社群事务，这具体体现为：社群成员积极参与社群活动、话题讨论和互动；不仅消费社群内容，还会主动分享自身的观点、经验、资源，形成内容的双向流动；对社群的提议、政策或活动给出及时和具体的反馈；自发承担起社群管理的部分职责，如调解冲突、组织活动或维护社群秩序，体现出较强的责任感。

（3）自行运转。当社群发展成熟时，社群可以在一定程度上实现自行运转，即社群已经形成自我维护和发展的机制，不再完全依赖于社群运营人员的持续干预，此时社群内部形成了一套自我管理的规则和流程，社群成员能够相互监督，共同遵守社群规范，维护社群秩序。

（4）持续时间长。社群运营是一个长期的过程，需要持续地努力和投入，以保持社群的活跃度和成员的参与感。这意味着社群运营人员需要定期更新高质量的内容，不断创新内容形式和主题，以保持社群的新鲜感和吸引力；开展持续的成员招募活动，吸引新成员加入社群，扩大社群规模；通过定期的满意度调查、个性化服务、社群福利等提高成员的忠诚度和满意度，使其留在社群中；保持对社群内外部环境变化的敏感度，如关注技术进步、行业趋势、成员需求等，适时调整社群定位和运营策略。

二、社群运营的阶段性策略

如同人会经历童年、青年、中年、老年一样，社群也会经历生命周期，这包括萌芽期、成长期、成熟期、衰退期，如图 1-1 所示。生命周期中每个发展阶段都有特定的任务和策略，以确保社群能够稳定地成长并实现长期目标。

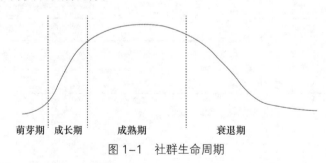

图 1-1　社群生命周期

（一）萌芽期

萌芽期是社群形成的初期，此时社群规模较小，社群成员之间的关系往往是强连接，拥有共同的兴趣或目标，彼此之间的信任度较高。

在这个阶段，社群运营的主要任务是构建社群，包括确定社群的定位，明确社群将解决的问题或满足的需求；调研目标人群，了解其兴趣、需求和行为；设计社群名称、口号和 Logo；制定社群规则，确保社群有序运行；准备必要的技术设施，如选择社群平台、配置工具；招募首批成员，他们通常是核心团队成员、早期支持者或行业影响者。

（二）成长期

在成长期，社群规模开始快速扩张，新成员大量涌入，社群成员之间的互动频率很高，社群活动变得多样化且频繁，社群活跃度、知名度和影响力也在这一阶段迅速提升。

在这个阶段，社群运营的主要任务是吸引新成员，扩大社群规模，提高成员参与度，具体可以采取以下策略。

（1）提升社群的可见度，可通过社交媒体、合作伙伴和公关活动进行推广。

（2）鼓励现有成员向他们的朋友和同事介绍社群，利用口碑吸引新成员。

（3）设计易于参与的活动，如转发抽奖、邀请好友加入获得额外福利等，利用老成员的社交关系网络吸引新成员加入。

（三）成熟期

在成熟期，社群规模和运营模式趋于稳定，新成员的增长速度开始变慢。社群进入一个较为成熟和稳定的阶段，运营模式已成型。社群成员的参与度保持稳定，新成员能够快速融入社群，享受社群提供的价值并获得较好的体验。

在这个阶段，社群运营的主要任务是深化成员关系，提升成员活跃度和忠诚度，具体可以采取以下策略。

（1）持续输出高质量内容，包括专业知识分享、热点讨论、互动问答等，满足社群成员的多元化需求。

（2）建立积分体系，奖励优秀贡献者，举办竞赛，激励社群成员参与和做出贡献。

（3）加强社群管理，建立运营团队和志愿者体系来分担运营工作。

（4）开展高质量的社群活动，如主题讨论、技能交换等。

（5）在不影响社群成员体验的前提下，逐步探索合适的盈利模式，如销售产品、推出付费服务等。

（6）定期评估社群健康指标，如成员活跃度、内容互动率，以调整运营策略。

（四）衰退期

在衰退期，社群缺乏新鲜内容、管理松懈或成员兴趣转移等原因，导致成员的互动度和参与度降低，许多社群成员选择屏蔽群消息，社群的凝聚力、吸引力和活跃性减弱，社群成员之间的关系开始疏远，社群运营人员的积极性也开始减弱。

在这个阶段，社群运营的主要任务是减缓衰退速度，寻找复兴机会，或为社群转型做准备，具体可以采取以下策略。

（1）分析社群衰退的原因，可能是内容老化、竞争加剧或成员需求变化等。

（2）推出特别活动、引入新话题或嘉宾、调整社群结构和规则，激发新活力。

（3）加强与社群成员的沟通，通过其反馈信息，有针对性地解决问题。

（4）若衰退难以逆转，可以考虑社群转型或合并，或重新定位，开启新的生命周期。

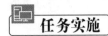
任务实施

任务演练：规划社群运营策略

【任务目标】

为库优的粉丝社群规划一个大致的运营策略。

【任务要求】

根据社群不同发展阶段的主要任务，为库优的粉丝社群规划其在萌芽期、成长期、成熟期和衰退期的运营策略。

【操作过程】

小张为库优的粉丝社群规划了全周期的社群运营策略，如表 1-5 所示。

表 1-5   库优粉丝社群运营策略

社群发展阶段	运营策略
萌芽期	① 社群定位：以库优的目标用户为出发点，确定社群定位和发展方向，确保社群能够吸引并服务特定的用户 ② 设计社群品牌元素：社群品牌元素包括社群名称、Logo 和口号，确保其有辨识度与吸引力，能体现社群主题和价值观 ③ 制定社群规则：综合考虑社群需要，制定合理、全面的社群规则 ④ 建群：从社群定位出发，选择合适的平台建群，确保该平台能满足社群运营需求
成长期	社群扩张：利用主流社交媒体平台（微信、微博等）宣传社群，吸引目标人群加入社群；设计吸引力强、参与门槛低的活动，促使老成员主动利用自身的社交关系网络宣传社群，争取实现社群规模快速增长
成熟期	① 成立运营团队：在考虑人力成本的前提下，从社群内外招募合适的运营人才，并确保团队沟通顺畅，团队成员稳定 ② 输出内容：通过多元化的形式输出优质内容，包括邀请嘉宾分享、开展讲座；组织与社群主题相关的话题讨论；针对社群成员的内容需求，定期整理、发布有价值的内容 ③ 开展社群打卡活动：设计每日或每周打卡任务，使用小程序或专门的打卡工具，方便成员参与；对连续打卡达到一定次数的成员给予积分奖励 ④ 建立积分体系：明确积分如何获取、可用于兑换哪些社群福利，提高成员的活跃度 ⑤ 发放福利：不定期发放红包，开展抽奖活动，吸引成员关注 ⑥ 举办社群活动：根据社群主题、成员需求开展高质量的社群活动，拉近成员间的关系，增强成员的黏性 ⑦ 探索盈利模式：销售定制产品，如 T 恤、水杯等；针对成员的内容需求，开发知识付费产品，推出付费服务 ⑧ 数据分析：分析社群数据，评估社群健康指标，根据分析结果调整运营方向
衰退期	① 分析衰退原因：开展问卷调查，找出成员不活跃的原因 ② 加强沟通：建立直接沟通渠道，及时响应成员诉求；鼓励成员提出改进建议 ③ 考虑社群转型：根据市场变化重新定位社群，调整社群目标和运营策略

综合实训　为家居装修社群制订发展规划

实训目的：通过规划社群运营策略，巩固社群运营的相关知识。

实训要求：某家居品牌准备建立一个主题为家居装修的社群，旨在为打算或正在装修的用户、对家居装修感兴趣的用户及相关从业者提供一个交流的平台，以促进自身产品的销售。请为该社群制订不同阶段的发展规划。

实训思路：本次实训的具体操作思路可参考图 1-2。

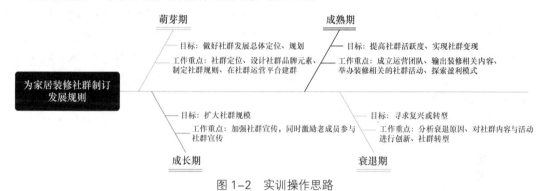

图 1-2　实训操作思路

实训结果：本次实训完成后，制订出该社群的发展规划，参考效果如图 1-3 所示。

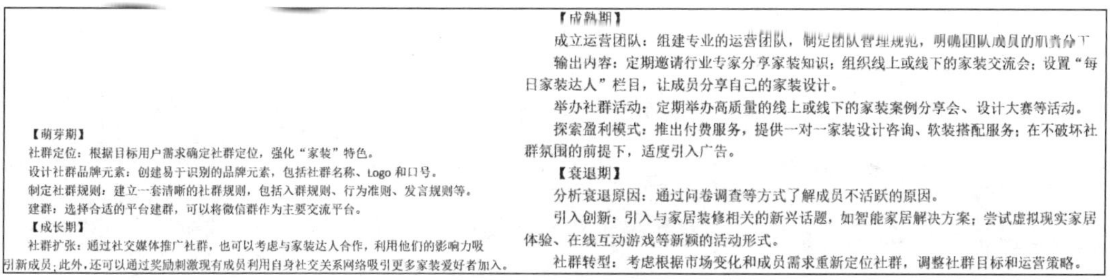

图 1-3　家居装修社群的发展规划

巩固提高

1. 什么是社群？

2. 社群的特点有哪些？

3. 社群的商业价值体现在哪些方面？

4. 互联网时代，社群的演变经历了哪几个阶段？

5. 社群的构成要素有哪些？

6. 社群运营的互动性体现在哪些方面？

7. 什么是社群的自行运转？

8. 社群进入成熟期后，社群运营的主要任务有哪些？

9. 阅读以下资料，分析该社群的商业价值和构成要素。

　　绿野行者是一个专注于户外旅行的社群，旨在为热爱大自然、向往户外的人提供一个分享经验、组织活动和交流心得的平台。该社群成立于2018年，目前拥有超过5000名活跃成员，覆盖全国多个城市和地区。

　　绿野行者社群自成立以来，一直致力于打造一个积极向上、充满活力的户外社群。成员们共同的兴趣和目标是探索未知的自然美景，分享户外旅行的经验和心得。社群通过定期组织各类户外活动及线上线下的交流活动，吸引了越来越多的户外爱好者加入。成员们在社群中分享各自的户外故事、经验和技巧，相互学习和启发。

　　绿野行者社群设有一个运营团队，该团队分为不同的小组，包括内容组、活动组、秩序管理组等，每个小组设有组长和副组长。社群有明确的加入条件和言行规则，以维护秩序。

　　绿野行者社群规定，在社群中活跃、自身有资源（在微博、知乎等平台上有一定数量的粉丝）、有运营经验的成员可以申请成为分群的群主。有时，社群运营团队会为新分群提供标准化的操作流程指南，确保社群稳定运行。

　　在变现方面，绿野行者社群主要依靠向社群成员销售户外装备、服装、旅行用品等变现，还推出了付费带队服务，由资深领队带领成员户外出游。

项目二
社群构建

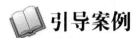 学习目标

【知识目标】

1. 掌握社群定位的相关知识。
2. 掌握社群名称、口号、Logo、规则、结构、运营平台的相关知识。

【技能目标】

1. 能够根据建群动机、目标人群、产品属性为社群定位。
2. 能够根据社群定位设计社群名称、口号和 Logo。
3. 能够为社群制定合理的规则，确保社群维持正常秩序。
4. 能够根据社群运营需求选择合适的运营平台，并在平台上建立社群。

【素养目标】

1. 树立正面、积极的社群价值观，打造健康的社群环境。
2. 增强规则意识，在管理社群时以规则为准绳，做到公正无私，对所有成员一视同仁。

项目导读

当下，人们在生活中随时可能接触到各种社群，但很多社群可能并不规范，不仅名称普通、无新意，而且口号和 Logo 的辨识度不高，同时社群管理也缺乏明确的规则，主观性强。这样的社群往往缺少凝聚力和长期吸引力，活跃一段时间后就可能沦为沉默群、广告群。因此，构建社群不是简单地拉一群人聊天，而是需要用心打好"地基"，以确保社群满足成员需求，同时达成目标。

虽然小张已经规划好库优品牌粉丝社群的运营策略，但该社群仍然停留于概念层面。小张需要从零开始为库优品牌构建社群。小张打算首先确定社群定位，再根据社群定位确定社群的基本元素，包括名称、口号、Logo、社群规则等，然后建立一个专属库优品牌的社群。

引导案例

樊登读书会社群的定位

樊登读书会的用户中，女性占主导，"80 后""90 后"是主力军，且大部分用户具有中高消费水平，主要居住在一、二线城市。樊登读书会的用户具有共同的特征——渴望通过阅读提升自我，

但受限于时间和精力，需要一种更为便捷高效的学习方式，同时希望基于读书主题进行交流、互动。基于此，樊登读书会将自身定位为一个集学习、分享与社交于一体的综合型社群。

在内容方面，樊登读书会针对用户多元化的特点，精心挑选了涵盖广泛主题的书籍，包括商业、心理学、教育、历史、文学等方面，确保满足不同用户的学习兴趣和成长需求。为迎合用户快节奏的生活方式，樊登读书会采用多媒体交付方式，提供音频、视频和文字摘要，使得用户可以在任何场景下轻松地吸收书籍精华，提高阅读的便捷度和效率。

在社群互动方面，樊登读书会针对用户的读书社交需求，利用微信、微博等社交媒体平台，组织在线讲座、直播分享会，吸引用户通过评论等方式互动；定期举办征文比赛、知识竞赛等活动，鼓励用户分享读书心得，增强用户的参与感。此外，樊登读书会在全国各地设立分会，定期举办读书沙龙和分享会，为用户提供面对面交流的机会，并不时举办大型主题活动，如"万人读《论语》"等，营造了浓厚的社群交流氛围。

点评：樊登读书会精准定位目标用户，通过提供多元化的内容、强化社群互动，满足了用户的学习与社交需求，构建了充满活力和价值的社群生态。

任务一　社群定位

任务描述

老李提醒小张，在建立社群之前需要进行社群定位，以便为社群的发展确定基本方向。小张随即准备对即将建立的社群进行精细定位，并填写了任务单（见表 2-1）。

表 2-1　　　　　　　　　　　　　　任务单

任务名称	社群定位	
任务背景	库优希望建立一个活跃的粉丝社群，以聚集对运动健身感兴趣的人群。为确保粉丝社群精准吸引目标人群，需要做好社群定位，以增强与粉丝之间的联系，促进销量提升	
任务类别	■ 社群定位　□ 建立社群	
工作任务		
任务内容		任务说明
任务演练：社群定位综合分析		基于库优的建群动机、目标人群、产品使用频率/价格等信息，进行社群定位

任务总结：

知识准备

一、建群动机定位

社群定位是建立社群的关键步骤，它决定了社群的性质、目标成员及内容方向。准确的社群定位能够确保社群吸引真正对该社群感兴趣的用户，由于这些用户有共同的兴趣、目标或身份，因而更容易产生共鸣，从而有利于加强社群凝聚力。

社群定位可以从建群动机定位入手。根据建群动机的不同，社群可以被定位为不同的类型。

（1）销售产品。社群可以定位为销售平台，侧重于围绕特定产品或服务建立信任，从而促进销售，如某些社群销售奶粉、美妆产品等。通过分享非商业性质的内容，如知识、技能或经验等，社群能够逐渐赢得成员的信任，随后可以自然地引入产品信息，或发布新品、开展促销活动、收集成员反馈等，从而促成销售转化。

（2）提供服务。为提升成员满意度，加强成员与品牌的联系，社群可以定位为提供服务和支持的平台，提供产品使用指导、功能体验、售后咨询服务等，通过即时的答疑解惑和知识分享，增强成员参与感，提升成员满意度，激励成员持续关注和使用品牌的产品或服务。例如，教育机构创建学员群，以提供即时的答疑解惑服务，同时通过微课视频分享学习知识，提升学员的满意度，最终增强学员黏性，促使其长期购买机构的课程。

（3）拓展人际关系。社群也可以是个人和职业关系网络扩展的场所，如企业家论坛、人力资源经理群等。社群成员通过合作和共享资源（如资金、信息、技能等），能够在职业发展中取得进步，同时有利于扩大个人社交圈。活跃成员通过分享经验和组织活动，还能提升自身和社群的影响力，进而有利于拓展人际关系。

（4）聚集同好。基于共同兴趣或爱好，社群可以成为志同道合者相聚的平台。成员可以在社群中分享经验、技巧和资源，讨论共同关心的话题，参加线上或线下活动，加深彼此间的联系，形成紧密的社群关系。

（5）建设品牌。很多企业会通过社群来提高用户对品牌的认同度和忠诚度。通过在社群中分享引人入胜的品牌故事、真实的用户评价、独家幕后内容等，企业可以与成员建立起深厚的情感联系。另外，企业还可以在社群中提供特殊福利，如产品试用、会员专享优惠，以提升成员的满意度和认可度，最终提升品牌影响力。

（6）增强影响力。行业专家或公众人物可以通过社群传播思想、知识或倡导理念，以吸引更多追随者。他们可以通过定期分享高质量的内容如文章、视频、播客等，并且邀请成员参与讨论，来促进思想碰撞，增强社群吸引力和活力，从而增强个人的影响力。

二、目标人群定位

人是社群的重要组成部分。在定位社群时，可以从目标人群的共同特征和需求入手，其中主要有以下维度。

（1）年龄层次。针对儿童、青少年、成年人或老年人的不同需求和兴趣创建社群。例如，针对年轻父母建立育儿群，针对老年人建立退休生活群。

（2）职业领域。面向特定职业或行业人群建立社群，如针对 IT 专业人员、市场营销人员、自由职业者等建立社群。这类社群可以提供行业动态、职业发展建议和职业关系网络拓展机会。

（3）地理位置。根据城市、地区建立本地化社群，提供当地信息、活动和社交机会，如北京本地社群、成都高新南区社群。

（4）生活方式。针对健康饮食、运动健身等生活方式，建立相应的社群，吸引追求相同生活方式的人。

（5）教育水平。针对处于不同教育阶段的人群的需求建立社群，如本科四六级备考社群、考研社群、成人职业培训社群，提供有针对性的信息、资源和支持。

（6）社会经济状况。针对不同收入水平的人群建立不同定位的社群，如针对普通工薪阶层建立省钱群，提供各类优惠、打折信息；针对中等收入群体建立理财群，提供投资理财知识和财富增值策略等。

（7）兴趣爱好。根据特定的爱好，如摄影、阅读、手工艺等，建立兴趣社群，吸引有相同兴趣的人。

（8）社会角色。针对新手父母、职场新人、自由职业者等社会角色建立社群，开展话题讨论和资源分享。

三、产品属性定位

根据产品属性为社群定位时，需要考虑产品的使用频率、单价等因素。不同产品属性将吸引不同类型的社群成员，也要求采取不同的社群定位策略。

（1）高频、低客单价产品。这类产品通常包括日常消费品，如零食、饮料、个人护理用品等。针对此类产品建立社群，可以侧重于社群日常管理和活跃度提升，设计吸引成员的促销活动，如折扣、买赠等，鼓励高频次购买，保持社群活力。例如，一个快消品牌可建立一个"每日尝鲜"社群，定期分享新品信息和当日优惠产品，鼓励成员频繁回购并分享使用感受。

（2）低频、高客单价产品。这类产品包括家电、珠宝、高端电子产品等。由于消费频次低，需通过提供优质的服务（如一对一咨询服务）和专业知识分享（如产品保养知识、使用技巧），与成员建立深度关系。例如，高端音响品牌可创建一个"音乐鉴赏家"社群，定期组织线上或线下的音乐欣赏会，提供专业音响保养知识，以增强成员对品牌的信任感。

（3）高频、高客单价产品。这类产品包括高品质婴儿配方奶粉、高端保健食品等。针对此类产品建立社群，可以利用深度内容营销和与达人合作来"种草"，通过社群内互动增强成员黏性，促使其复购。

（4）低频、低客单价产品。这类产品包括节日礼品、偶尔购买的日常小物、特殊场合用品等。由于购买频率和客单价均较低，单独建立社群可能效益较低，可以考虑将这类产品作为引流品，配合高复购率或高客单价产品，共同构建社群。

任务实施

任务演练：社群定位综合分析

【任务目标】

为库优品牌的粉丝社群确定社群定位，为社群后续运营奠定基础。

【任务要求】

本次任务要求从建群动机、目标人群、产品属性3个维度分析库优粉丝社群的定位，最终得出一个综合性的社群定位结论。

【操作过程】

小张从库优品牌方获取了相关信息，并以此为基础，展开社群定位综合分析，结果如表 2-2 所示。

表 2-2　　　　　　　　　　　　库优品牌粉丝社群定位综合分析

定位维度	相应背景信息	社群定位结果
建群动机	库优品牌希望通过建立粉丝社群，与用户建立更紧密的联系，提高用户对品牌的认同度和忠诚度。在社群运营具备一定基础后，库优品牌还希望社群成为销售转化的渠道之一，通过社群内部的营销活动、优惠信息分享和用户口碑推荐，促进产品的销售和复购。同时要避免社群沦为纯粹的广告群，希望结合运动健身的兴趣，打造一个兴趣驱动的社群	以运动健身兴趣为中心，兼具品牌忠诚度培养、销售转化促进和用户教育功能的综合型社群，既满足用户对运动健身知识和社交互动的需求，也服务于品牌长期的市场目标
目标人群	库优品牌的目标人群主要是追求健康生活方式、热衷运动的 25～40 岁的都市青年，他们具有不同的职业背景和社会角色，处于中高收入水平。他们对运动装备的质量、性能和设计有较高要求，同时也注重运动的乐趣和社交互动	集运动知识分享、健康生活方式倡导、产品体验、社交互动于一体的综合平台，吸引并服务于追求健康、热爱运动的都市青年，同时强化库优品牌与用户之间的联系，促进用户忠诚度提升和销售转化
产品属性	涵盖从低到高多个价格段的产品，主要有 3 类：一是高频使用、低客单价产品，包括运动袜、水壶、头带；二是高频使用、中高客单价产品，包括运动服装和中高端运动鞋等；三是低频使用、高客单价产品，包括高端运动装备和专业器械	① 高频使用、低客单价产品：社群可以作为日常运动穿搭分享的平台，鼓励用户参与社群日常分享和互动，增强用户对品牌的黏性 ② 高频使用、中高客单价产品：社群可以作为产品反馈和用户评测的平台，定期发布产品使用技巧和保养知识等内容 ③ 低频使用、高客单价产品：社群可以作为知识分享和用户教育的平台，提供专业运动指导和训练计划等内容

社群定位最终结果：

一个以运动健身兴趣为纽带的综合平台，旨在为 25～40 岁的都市青年提供一个集运动知识分享、健康生活方式倡导、产品体验与社交互动于一体的多元化空间。社群以兴趣驱动，避免单纯的产品推销，通过日常运动穿搭分享、产品反馈与评测、专业运动指导和训练计划，增强用户对品牌的黏性，提高用户忠诚度，同时促进销售转化与复购，进而强化库优品牌与用户之间的情感联系，最终构建起充满活力、知识共享、品牌认同与销售促进相结合的社群生态

任务二　建立社群

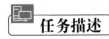 **任务描述**

在明确社群定位后，小张便着手建立社群，他首先需要学习建立社群的相关理论知识和方法，然后结合库优品牌的实际情况搭建社群的基本框架。任务单如表 2-3 所示。

表 2-3   任务单

任务名称	建立社群	
任务背景	库优品牌希望建立的社群有一定的特色、活跃度高，且秩序井然，这就要求小张设计出有辨识度的社群名称、口号和 Logo，同时制定合理有效的社群规则、搭建合理的社群结构，确保社群的稳定发展	
任务类别	□ 社群定位　■ 建立社群	
工作任务		
任务内容		**任务说明**
任务演练 1：使用 AI 工具设计社群名称、口号和 Logo		操作工具：通义、标小智
任务演练 2：使用 AI 工具协助制定社群建设方案		制定具有远见和宏观高度的方案
任务演练 3：建立并设置微信群		发起群聊→选择成员→修改群聊名称→设置群公告→设置群管理员

任务总结：

知识准备

一、设计社群名称、口号和 Logo

要创建一个社群，首先需要设计社群的名称、口号和 Logo，它们共同塑造着社群的内外部形象，对于社群的建立、发展都有着不可忽视的影响。

（一）设计社群名称

社群名称影响人们对社群的第一印象，是人们了解社群的首要途径。设计社群名称是建立社群的首要任务，其方法主要有两种。

（1）根据社群的核心构建点来命名。社群的核心构建点是促使社群形成的主要因素，也是某社群区别于其他社群的核心竞争力。例如，社群"灵魂人物"构建的社群常以社群"灵魂人物"为延伸来命名，如樊登读书会；以产品为延伸来命名，如小米手机的"米粉"群等；以服务为延伸来命名，如定位为健康社交的员方瑜伽等。这种命名方法不容易让社群被他人识别，适合已经拥有大量粉丝的社群。

（2）根据目标人群的需求来命名。根据目标人群的需求，在社群名称中加入能够吸引目标人群的关键词，方便其辨认和识别，如××健身交流社、××英语学习群等。

两种命名方法各有优缺点，可结合这两种方法来命名，以便目标人群辨认，同时突出社群的核心竞争力，如秋叶 PPT 等。需要注意的是，社群名称应遵循定位精准、适宜传播、简单明了的原则，避免使用冷僻词、宽泛词或频繁改名。

（二）设计社群口号

社群口号指社群用于宣传的广告口号或标语，可以是一句话或一个短语，通常能令人印象深刻，具有特殊意义。社群口号在社群运营过程中可以起到宣传品牌精神、反映社群定位、丰富成员联想、使社群名称和标识清晰的作用。一个好的社群口号，应该能体现社群的定位和价值观，能聚集同好，方便记忆、传播。设计社群口号可从以下3个方面入手。

（1）功能特点。通过一句话来描述社群的功能或特点，这句话需要简洁直观且非常容易让人理解，如"互帮互助，学好 PPT""每日分享，读懂那些你来不及读的书"等。这种口号适用于为成员提供具体的服务或功能的社群。

（2）利益获得。直接以社群能够带给成员的利益为口号，可以吸引对该利益感兴趣的人，如某花卉社群的口号是"手把手教你养花"。这种口号适用于利益点明确的社群。

（3）价值观。强调价值观的社群口号，可以融入社群的信念、理念和道德准则，吸引那些真正认同并愿意为之付出行动的人。例如，读书社群的口号"我读书，我进步，我收获，我成长"就体现了通过读书追求成长、进步的价值观。此种口号适用于注重建立一种共同的价值观、信念或文化的社群。

 素养课堂

社群应树立正面、积极的价值观。正面的价值观能够鼓励个人发展，促进自我提升，而且以共同的正面价值观为纽带，能够增强社群成员之间的联系，引导社群成员积极承担社会责任，进而对社会产生积极影响，提升社群的社会价值和影响力。

（三）设计社群 Logo

社群 Logo 是区分不同社群的视觉性标识元素，可作为线上或线下活动的标识物，用于聚集社群成员。在设计社群 Logo 时，可直接在社群名称的基础上改变字形、添加社群定位信息等，如图 2-1 所示。

此外，社群 Logo 还可以结合社群的核心人物、企业 Logo、社群理念和卡通形象等进行设计。对于规模较大的社群来说，其子社群 Logo 可以主社群 Logo 为基础，通过增加地域标识等方法进行设计，以保持社群 Logo 风格的一致性。

图 2-1 社群 Logo 示例

⏰ **行业点拨**

在设计社群 Logo 的基础上，还可以设计并制作其他视觉元素，如邀请卡、胸牌、旗帜、纪念品等，以提高社群的视觉辨识度。

二、制定社群规则

要想保持社群的长期发展，还需要制定与社群定位相符的规则，约束社群成员的行为，并在实际的运营过程中验证与完善规则。社群规则包括以下 4 种。

（一）引入规则

一个社群想要快速发展，就必须不断吸引目标人群加入社群，使其成为社群成员。为保证社群的顺利发展，在引入社群成员时，必须设立一定的准入门槛，以淘汰不符合规则的人，避免运营后期出现大量不活跃成员。一般来说，社群主要有 6 种引入成员的方式。

（1）邀请制。邀请制是指群主或管理员邀请他人加入社群，适用于规模较小或专业性较强的社群。邀请制社群对社群成员的能力要求较高，并可能有一些附加的条件。这种引入成员的方式可以在社群创建之初就保证社群的质量，使社群始终高效、有序地运转，但由于要求较高，社群成员的数量一般不会太多。

（2）任务制。任务制是指人们必须完成某项任务才能成为社群的成员。任务制社群受其规模、性质等的影响，任务的难度有高有低，如一些规模较大的社群可能将填写报名表、注册会员、转发集赞等作为考核任务，而一些专业性较强的社群则可能将提供作品、证书等作为考核任务。

（3）付费制。付费制是指支付社群规定的费用后才能成为社群成员，如桔子会的 VIP 会员需要支付 3.6 万元的会员费用。不同社群的收费不同，社群可根据其定位与资源来进行定价。一般来说，收费越高的社群，质量也越高。

（4）申请制。申请制是指申请者根据社群发布的公开招募信息，投递简历，经过书面考试、视频面试等步骤，成为社群成员。这种引入成员的方式要求申请者具备一定的才能。

（5）审核制。新成员在申请加入社群时需回答问题或提交个人信息，由管理员审核通过后才能加入社群。这种引入成员的方式可以确保新成员符合社群的主题，防止不相关的人进入。

（6）举荐制。举荐制是指他人经由群内成员的推荐成为社群成员，适用于知识型或技能型的社群，但群内成员的举荐名额一般都有限制。这种引入成员的方式要求推荐人事先向被引入者介绍社群，以便被引入者更好地融入社群。而当被引入者遇到问题时，推荐人也会因为责任，率先帮助被引入者解决问题。举荐制可以方便社群的管理，提高工作效率。

（二）激励规则

设置恰当的激励规则，可以提高社群成员的活跃度、参与度，增强社群的凝聚力。社群激励规则一般包含考核规则和奖励规则两个部分。

（1）考核规则。对社群成员的相关行为进行考核，可结合日常规则使用积分制度，将社群成员的行为通过积分的形式展示，定期进行考核，如积极参与社群活动积 3 分，在社群活动中积极互动积 1 分，等等。

（2）奖励规则。对考核成绩优秀的社群成员进行奖励，其形式可以是现金、物品、优惠等，如赠送考核排名第一的社群成员一张满 500 元减 50 元的优惠券等。

（三）日常规则

日常规则是指对社群成员日常行为的一系列规范，一般展示在群公告中。日常规则一般包括名称规则、交流规则和其他规则 3 个方面。

（1）名称规则。名称规则包括社群命名规则和社群成员命名规则。合适的名称能树立规范、正面的社群形象，加深社群成员之间的互相了解。

① 社群命名规则。对拥有很多子社群的大规模社群来说，将社群名、群主名、归属地和序号等组合成社群名称，可以方便新成员快速了解社群结构，一般有"社群名+序号""群主名+序号""社群名+归属地+序号"等模式，如×××1 群、×××2 群。

② 社群成员命名规则。为方便社群成员相互辨识，社群成员应根据社群成员命名规则修改自己的名称。社群成员名称一般包含身份、昵称、序号、归属地等元素，常以"序号+身份+昵称""序号+身份+归属地"的模式出现，如"17+群主+秋秋""23+群主+苏州"。

（2）交流规则。交流规则可以保证社群成员的良好沟通和交流，促进信息的传播，加强社群成员的互动，提高社群活跃度，促进社群发展。交流规则通常包含交流礼仪、交流争论解决、交流处罚、投诉渠道等方面的内容，如图 2-2 所示。

（3）其他规则。其他规则是指针对社群日常运营中可能遇到的其他问题的规则，如社群意见反馈、广告发布、隐私保护等方面的规则，如图 2-3 所示。

交流礼仪
所有成员在交流中应始终保持礼貌，避免使用侮辱性语言，尊重个人的观点和隐私。社群鼓励大家认真倾听他人意见，并以建设性的方式进行回应，避免在他人发言时打断，确保每个人都有平等的发言机会。
交流争论解决
遇到观点上的分歧时，应保持冷静，避免情绪化的争论，通过努力寻找共同点，达成共识。如果争论升级，影响社群的和谐，任何成员都可以请求管理员介入，社群会公正地协助解决冲突。
交流处罚
对于初次违反社群规则的成员，社群将给予口头警告。若同一成员重复违规，社群将视情况严重性实施暂时禁言或将其从社群中移除的处罚。
投诉渠道
在社群中遇到不满或需要投诉时，可以私信管理员。管理员应及时公正地处理每一项投诉。

图 2-2 交流规则示例

社群意见反馈
社群管理团队应每月至少收集一次成员对社群运营的意见和建议。社群成员可以通过专用邮箱提出意见。管理团队应及时公布每条反馈的处理进度和结果，确保透明度。
广告发布
未经允许，不得在社群内发布任何形式的商业广告。
隐私保护
严禁在社群内公开分享自身或他人的个人信息，包括但不限于电话号码、住址等。管理团队应采取措施保护成员信息安全，防止信息泄露。

图 2-3 其他规则示例

（四）淘汰规则

随着社群的发展，为保证社群成员的质量，应淘汰活跃度不高、不利于社群发展的成员，留下对社群有贡献、积极参与社群活动的成员。社群淘汰规则有 3 种。

（1）人员定额制。人员定额制是指将社群成员人数限制在固定数值内，如 150 人。当人数达到限额时，则剔除一些活跃度、参与度都比较低的成员，以保证社群始终处于活跃状态。

（2）犯规剔除制。犯规剔除制是指将违反社群规则的社群成员淘汰，如剔除发布煽动性言论、引战言论、垃圾广告的成员。为保证社群的正常秩序，可根据犯规次数及程度设置不同惩罚，如对首犯且犯规程度低的社群成员予以警告，剔除屡教不改或犯规程度重的社群成员，等等。

（3）积分淘汰制。积分淘汰制是指对社群成员的行为给予积分奖励或惩罚，设置积分标准线，定期统计成员积分，剔除积分低于限定水平的成员，重新引入新成员。

三、搭建社群结构

一个合理的社群结构主要包括社群创建者、社群管理者、社群普通成员、社群核心成员、社群传播者这几种角色，如图 2-4 所示。

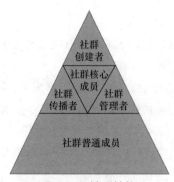

图 2-4　社群结构

（1）社群创建者。社群创建者是社群的初始创建人，一般为具有人格魅力、专业技能和出众能力的人，他们还具有一些吸引他人加入社群的特质，能够对社群的定位、发展、成长等进行长远且正确的考虑。例如，南极圈社群是因创建者拥有互联网领域人才的人际关系而建立起来的；正和岛则是因创建者长期服务于以企业家为主体的决策人群，能洞悉企业家的核心需求，并且拥有正向的价值观和责任意识，从而赢得决策人群的深度信任后建立的。

（2）社群管理者。社群管理者是社群中负责管理各项事务的人员，与企业中的管理者（如总经理、行政主管、行政组长等）类似。社群管理者应具备良好的沟通、协调、决策与执行能力，拥有大局观，公正严明、以身作则。由于社群的特殊性，社群管理者大多需要在线上完成工作，无法与社群成员面对面沟通，因此这要求社群管理者具有较强的应变能力。一个成熟的社群应拥有完整的管理团队，不同层级的管理者管理不同方面的任务和内容。

（3）社群普通成员。社群普通成员在社群中占大多数。尽管他们的活跃度较低，仅在遇到感兴趣的话题时才会偶尔发言，但他们一般会定期查看社群动态，特别是当社群活动或内容触及他们的需求或兴趣时，他们通常会积极参与。由于社群普通成员在社群中的占比较高，社群运营人员需要重点关注这部分成员，通过提供高质量、相关性强的内容，以及设计有吸引力的活动，来激发他们的参与热情，从而提高整个社群的活跃度和凝聚力。

（4）社群核心成员。社群核心成员在社群中发挥着重要作用。他们通常会积极参与社群讨论，频繁地发表自己的见解，还会经常主动发起话题，激发社群成员的互动与思考。同时，他们还乐于贡献有价值的内容，如分享专业见解、提供行业咨询等。此外，社群核心成员还可以帮助新成员快速熟悉社群环境，使新成员尽快融入社群。

（5）社群传播者。社群传播者是社群信息的"放大器"，可以通过自身社交关系网络将社群的价值、活动等信息传播给更多的人。他们会定期利用自己的朋友圈、微博等个人社交媒体平台分享社群的最新动态、活动预告、精彩内容摘要等，向他人推荐社群；同时还可能会直接邀请自己的朋友、同事、商业伙伴加入社群，尤其是在社群举办特别活动或提供福利时。

四、选择社群运营平台

当前，很多平台都提供社群运营功能，但不同的平台有不同的特点，社群运营人员需要先了解各平台社群的特点，再根据需求选择合适的平台。

（一）微信

微信是目前活跃用户数量较多的平台之一，在微信上建立的社群叫作微信群。早期的微信群以日常交流为主，功能较单一，后期逐渐增加多种功能。微信群具有以下特点。

（1）即时通信。微信群的信息传递非常迅速，用户可以发送包括文字、图片、视频和语音在内的多种形式的内容。

（2）多人群聊。一个微信群的人数上限是 500 人（企业微信号建立的群聊除外），适合大规模的交流和互动。

（3）便捷管理。微信群的创建方法非常简单，只需几步即可建立并邀请成员进群。社群管理者可以进行设置群名、添加或移除成员、设置群公告等操作，还可以借用相关的微信小程序来辅助管理，如群打卡、群投票、群相册（见图 2-5）等。

（4）支持财务支付。微信群内置微信支付功能，支持群内发放红包、AA 制收款、转账等，方便群内财务管理和活动费用的收取。

（5）信息共享。微信群内可以分享各种内容，包括文件、位置、产品链接、微信名片、卡券等，便于群体性的信息传递和讨论。

（6）封闭性。微信群的封闭性较强，用户无法通过搜索添加。同时，若要加入超过 100 人的微信群，申请者需要完成实名验证，以确保信息安全。

（二）QQ

QQ 是传统主流通信类软件，在 QQ 上建立的社群叫作 QQ 群。QQ 群可以通过搜索相关关键词加入。QQ 支持创建和管理大型社群，适合各种规模的社群。QQ 群提供非常丰富的社群管理功能，能大幅提升社群运营管理的效率。

（1）群聊管理。QQ 群支持设置群机器人、自助问答（见图 2-6）、自动发送入群欢迎语等功能，可减轻运营负担；支持展示群成员等级（根据活跃程度划分）、自定义群成员专属头衔；支持发布群公告，以确保重要信息被所有成员看到。

图 2-5　微信群相册

图 2-6　QQ 群自助问答

（2）群资料共享。QQ 群的群文件功能允许上传文件，成员也可以上传照片至群相册。

（3）语音与视频交流。QQ 群支持一对一的语音和视频通话，以及群视频通话功能（适合社群活动直播、在线课程、讲座等场景），允许多个成员同时在线交流。

（4）群应用集成。QQ 群可以接入各种第三方应用，如在线文档编辑、群接龙、群作业等，提升社群运营的效率。例如，教师可以利用 QQ 群解答问题、分享学习资料。

（三）百度贴吧

百度贴吧是规模较大的中文在线社区平台，该平台有各种不同兴趣主题的贴吧，涉及生活、教育、娱乐、体育、科技、企业等方面。不同兴趣主题的贴吧就是不同的兴趣社群，社群成员之间主要通过发帖、回帖进行交流，其优势在于具有较高的搜索排名。用户在百度中搜索关键词时，相关的贴吧会在搜索结果页面中优先展示，如图2-7所示，这有助于提高社群的曝光度。

图2-7　百度贴吧在搜索结果页面中优先展示

（四）抖音

抖音是国内主流的短视频平台，有大量的短视频内容创作者。抖音的一大特色是粉丝群，这类粉丝群通常由内容创作者本人或其团队管理，旨在加强内容创作者与粉丝之间的联系、互动。

加入粉丝群通常需要满足一定的要求，如关注时间长、互动频率高等，以筛选出更忠诚的粉丝。加入粉丝群后，成员会及时收到内容创作者新作品发布、直播预告等通知，确保不会错过关于内容创作者的重要动态。

粉丝群能够帮助抖音内容创作者长期稳定地维系高质量粉丝群体，提高粉丝忠诚度；提高个人品牌知名度，获取更多潜在商业机会。活跃的粉丝群能够提升内容创作者账号在抖音的排名和权重，有助于内容创作者发布的短视频上热门，吸引更多流量。

> **⏰ 行业点拨**
>
> 此外，常见的社群运营平台还有微博、小红书、知乎、豆瓣等。其中，微博群、小红书群与微信群、QQ群类似，以即时交流为主；知乎群、豆瓣小组则与百度贴吧类似，主要围绕兴趣建立，并且其成员一般通过发布篇幅相对较长的内容进行交流。

🖥 任务实施

☕ 任务演练1：使用AI工具设计社群名称、口号和Logo

【任务目标】

使用AI工具为库优品牌的粉丝社群设计有吸引力的名称、口号和Logo。

【任务要求】

本次任务的具体要求如表2-4所示。

表 2-4   任务要求

任务编号	任务名称	任务指导
（1）	设计社群名称和口号	在通义中输入具体要求，根据其提供的结果进行选择
（2）	设计社群 Logo	在标小智中输入社群名称和口号，选择行业种类、色系和字体风格

【操作过程】

1. 设计社群名称和口号

小张打算使用通义来设计社群名称和口号，具体步骤如下。

（1）设计社群名称。进入通义网站首页，在文本框中输入社群名称具体的设计要求，包括库优品牌的核心理念、库优粉丝社群的定位等，通义会自动生成一系列备选的社群名称，如图 2-8 所示。小张认为，"库优健身联盟"这个名称既能体现品牌名称（社群的核心构建点），还能体现目标人群的需求——健身，而且"联盟"一词传达了一种团结协作的精神，与社群的属性十分契合。因此，小张最终将社群名称确定为"**库优健身联盟**"。

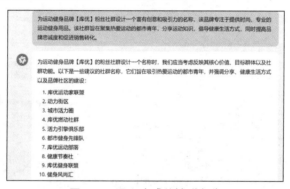

图 2-8   通义生成的社群名称

（2）设计社群口号。输入社群口号具体的设计要求，包括社群定位、口号的效果，以及口号的语言风格等，通义会自动生成多个备选口号，如图 2-9 所示。小张认为，"运动不止，活力永恒！"这个口号传递出一种积极向上的生活态度，强调了运动对于保持活力和健康的重要性，与"库优健身联盟"这一名称高度契合，因而将其确定为社群口号。

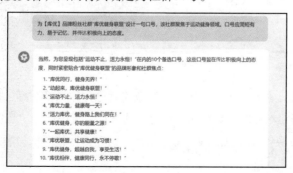

图 2-9   通义生成的社群口号

2. 设计社群 Logo

小张打算使用 Logo 智能设计平台——标小智来设计社群 Logo，具体步骤如下。

（1）输入社群名称和口号。进入标小智网站首页，单击"在线 LOGO 设计"按钮，在打开的页面中单击"开始"按钮。在打开的页面中输入"LOGO 名称"和"口号/副标题"，单击"继续"按钮，如图 2-10 所示。

图 2-10 输入社群名称和口号

（2）选择行业种类、色系和字体风格。在打开的页面中选择"体育健身"选项，在打开的页面中选择"暖色系"选项，单击"继续"按钮。在打开的页面中选择"舒适圆体"选项，单击"生成 LOGO"按钮，如图 2-11 所示。

图 2-11 选择字体风格

（3）选择品牌标志。页面上显示了系统自动生成的多个品牌标志，单击认为合适的品牌标志对应的"编辑"按钮，如图 2-12 所示。

图 2-12 编辑品牌标志

（4）优化品牌标志。在打开的页面中可以修改该标志，包括换图标、换排版、换字体、换颜色。单击"换颜色"按钮右侧的下拉按钮，在打开的下拉列表中选择"暖色"选项，如图 2-13 所示。左侧列表将出现更换各种颜色后的品牌标志，将鼠标指针移至认为满意的品牌标志上，单击"采用"按钮，如图 2-14 所示。

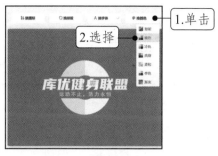

图 2-13　换颜色

图 2-14　单击"采用"按钮

（5）预览并下载品牌标志。单击"预览"按钮，在打开的页面中预览品牌标志效果，如图 2-15 所示，单击"下载"按钮将其下载到计算机中。

图 2-15　品牌标志效果

☕ 任务演练 2：使用 AI 工具协助制定社群建设方案

【任务目标】

为"库优健身联盟"制定社群建设方案，为社群建设确定基本方向。

【任务要求】

本次任务要求从制定社群角色培养策略、制定社群规则及选择社群运营平台 3 个方面制定社群建设方案。在制定社群建设方案时，可使用 AI 工具寻找思路。

【操作过程】

1. 制定社群角色培养策略

小张与库优品牌方沟通后，确定"库优健身联盟"的社群创建者由库优品牌创始人（人格魅力强，在微博上十分活跃，拥有一定知名度）担任，其他角色需要在社群运营过程中逐渐培育。具体策略如表 2-5 所示。

表 2-5　　　　　　　　　　　　　　　社群角色培育策略

角色种类	培育策略
社群管理者	选拔具有组织能力和责任心的成员；进行社群管理技能培训，如使用工具、处理冲突的技巧等
社群普通成员	组织定期活动或发起主题讨论，设计奖励机制鼓励成员参与和贡献
社群传播者	识别活跃和有影响力的社交媒体平台用户；提供传播材料和教程，教授并鼓励其分享社群内容
社群核心成员	识别活跃度高、在群内有影响力的成员，将其培养为核心成员；定期举办核心成员的团建活动；邀请核心成员参与某些方面的社群管理，如内容审核、活动策划，让他们感到被重视；对核心成员的成就和贡献给予公开认可，提高其忠诚度

2. 制定社群规则

接着，小张为"库优健身联盟"制定了全面的社群规则，具体如表 2-6 所示。

表 2-6 社群规则

规则种类	规则内容	原因
引入规则	① 新成员申请：所有希望加入"库优健身联盟"的申请者，必须回答一系列与健身相关的问题，提交个人基本信息，包括但不限于健身目标、经验等 ② 审核流程：社群管理团队将细致审核申请信息，确保每个申请者的目标与社群一致，且申请者展现出真诚的参与意愿 ③ 正式邀请：一旦审核通过，申请者将收到正式邀请，成为"库优健身联盟"的一员	筛选出合适的成员，但避免设置过高的门槛，阻碍潜在的积极成员入群
日常规则	① 文明交流：所有成员应始终保持礼貌和尊重，不得发表攻击性、歧视性或误导性的言论 ② 内容分享：分享的内容必须与健身、健康生活方式直接相关，鼓励成员分享个人经验、健身知识、健康饮食等内容，以促进社群成员的成长 ③ 隐私保护：每个成员的隐私权受到最高尊重，未经本人许可，不得擅自分享他人的个人信息或敏感内容 ④ 广告规则：不得随意发布商业广告，包括但不限于产品推销、服务宣传或未经批准的赞助信息；特殊情况下，如分享社群合作伙伴的优惠内容，需经过社群运营团队的批准	① 制定文明交流规则是为了营造友好、和谐的社群环境 ② 限定内容分享的范围，可以确保社群专注于健身和健康生活方式的主题，保证内容的相关性 ③ 通过明确的隐私保护规则，确保成员的个人信息得到妥善保护 ④ 广告规则可以保持社群内容的纯粹性，避免广告泛滥影响社群氛围
激励规则	① 积分制度：成员的参与度和贡献将被记录并转化为积分，定期分享、参与讨论等都可获得积分，积分将作为奖励机制的基础 ② 奖励机制：积分可兑换奖励，包括健身课程优惠、运动健身用品等，以此激励成员积极参与和做出贡献	① 通过积分制度量化成员的参与行为，鼓励成员持续、积极地参与社群活动 ② 明确积分兑换实际的奖励，可以激发成员的参与热情，增强成员的黏性
淘汰规则	① 活跃度监测：社群将定期检查成员的活跃度，对于连续 3 个月无任何互动的成员，社群将发送提醒通知，若情况未改善，成员可能面临被剔除的风险 ② 违规处理：任何违反社群规则的成员，首次违规将收到警告；若再次违规，将根据违规严重程度，被暂时或永久移除社群	① 剔除长期不参与互动的成员，可以保持社群的活跃氛围 ② 通过警告和适当的惩罚措施，可以增强成员的规则意识，防止其产生不当行为

3. 选择社群运营平台

小张对常见的社群运营平台进行了对比分析，结果如表 2-7 所示。

表 2-7 常见社群运营平台对比分析

平台	用户基数与活跃度	社群管理工具与功能	商业变现	适用场景
微信	巨大的用户基数，覆盖全年龄段，活跃度高	相对简单的社群管理工具，微信小程序可以作为补充	支持微信支付，适合付费课程、产品销售变现	适合建立紧密社群关系、日常交流、小型和中型社群运营
QQ	较大的用户基数，年轻群体尤其活跃	丰富的社群管理工具，包括机器人、自动化功能	支持 QQ 钱包支付，适合收费变现	适合教育、培训、大型社群管理、文件共享，能满足多样化互动需求
百度贴吧	用户基数大，活跃度因社群主题而异	管理工具较基础，适合内容管理和话题引导	商业化能力较弱，适合广告变现	适合兴趣相投的陌生人聚集、深度内容讨论、搜索曝光度提升

（续表）

平台	用户基数与活跃度	社群管理工具与功能	商业变现	适用场景
抖音	粉丝群用户基数小，活跃度不高	管理工具适用于粉丝管理和互动	拥有强大的电商和广告系统，适合内容变现	适合粉丝社群运营、视觉内容传播、商业化运营

　　经过分析，小张认为抖音粉丝群的使用率低，百度贴吧不适合即时交流，首先将二者排除。至于 QQ，小张认为其使用频率、用户活跃度不及微信，再考虑到微信群的封闭性较强，可以打造一个更加私密和专注的交流环境，有利于成员之间建立信任和深层次交流。因此，小张最终选择微信作为社群运营平台。

任务演练 3：建立并设置微信群

【任务目标】

　　为"库优健身联盟"建立并设置微信群。

【任务要求】

　　本次任务要求先建立微信群，然后设置群公告（内容为精简的社群规则）、设置群管理员。

微课视频

建立并设置微信群

【操作过程】

　　（1）发起群聊。在微信主界面中点击"+"按钮，在打开的下拉列表中点击"发起群聊"选项。

　　（2）选择成员。在打开的界面中选择要添加的群聊成员，点击"完成"按钮。

　　（3）修改群聊名称。进入微信群的聊天界面，点击右上角的"…"按钮，在打开的"聊天信息"界面中点击"群聊名称"选项，如图 2-16 所示。打开"修改群聊名称"界面，输入"库优健身联盟"，然后点击"完成"按钮，如图 2-17 所示。

图 2-16　点击"群聊名称"选项

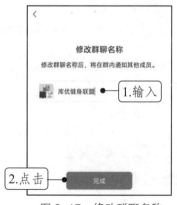

图 2-17　修改群聊名称

　　（4）设置群公告。返回"聊天信息"界面，点击"群公告"选项，在打开的界面中输入群公告，输入完毕后点击"完成"按钮，如图 2-18 所示。设置群公告后，微信会自动以群消息的形式通知全部成员。

　　（5）设置群管理员。返回"聊天信息"界面，点击"群管理"选项，打开"群管理"界面，在其中点击"群管理员"选项，如图 2-19 所示。在打开的"群管理员"界面中点击"+"按钮，在打开的界面中点击需要添加的群管理员，选择完毕后点击右上角的"完成"按钮。

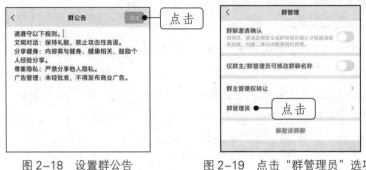

图 2-18 设置群公告　　　　　　　图 2-19 点击"群管理员"选项

技能练习

使用 AI 工具为美食交流社群设计名称、口号和 Logo，制定社群规则，然后为该社群建立一个微信群，并进行修改群名称、设置群公告等操作。

综合实训　使用 AI 工具为自由职业者社群确定定位并建立社群

实训目的：练习确定社群定位及建立社群，以巩固建立社群的相关知识。

实训要求：某自由职业者社群的建群动机是建立一个支持自由职业者相互学习、交流经验和资源共享的平台。请从建群动机、目标人群两方面分析并确定社群定位，使用 AI 工具设计符合社群定位的名称、口号和 Logo，然后设置社群规则、确定社群运营平台。

实训思路：本次实训的具体操作思路可参考图 2-20。

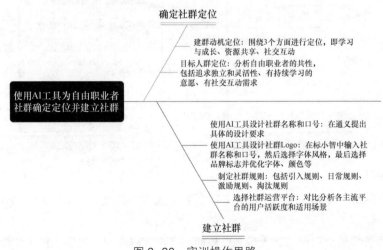

图 2-20 实训操作思路

实训结果： 该自由职业者社群的名称为"职游者部落"，社群口号为"共享智慧，共赴未来"，社群 Logo 如图 2-21 所示。社群的定位为：一个多元化的学习和资源共享平台，提供必要的工具和资源，帮助自由职业者提升专业技能，构建社交关系网络，让自由职业者感受到社群的温暖。社群的运营平台为微信，选择理由是活跃度高、能实现即时交流。社群规则如图 2-22 所示。

图 2-21 社群 Logo

社群规则

【引入规则】
申请流程：所有希望加入"职游者部落"的自由职业者需通过官方网站提交申请，申请时需附上个人简介，说明想加入社群的原因，以及能为社群带来什么价值。
背景审核：申请将由社群管理团队进行审核，重点考查申请者的职业背景是否与社群定位相符，以及申请者是否能够为社群带来正面影响。
试用期：新成员加入后将有一段试用期，在此期间，成员需要积极参与社群活动，展示其对社群的贡献，以成为正式成员。
【日常规则】
文明对话：社群内应保持文明交流，尊重每个成员的意见和隐私，禁止任何形式的辱骂、歧视和人身攻击。
适度商业信息：允许适度的商业信息分享，但需提前告知社群管理员，并遵循社群的商业信息发布指南，避免频繁或不当的商业推广。
【激励规则】
贡献度评估：社群将依据成员的参与度、内容质量和对社群的贡献进行定期评估，表现优异者将获得表彰。
晋升机制：表现突出的成员有机会晋升为社群管理员，参与社群决策和管理，进一步推动社群发展。
【淘汰规则】
违规处理：对于违反社群规则的成员，将根据违规性质和严重程度，采取警告、暂时禁言或永久移除社群的措施。

图 2-22 社群规则

巩固提高

1. 社群定位的 3 个维度是什么？
2. 目标人群定位有哪些维度？
3. 产品属性定位需要考虑产品的哪些因素？
4. 设计社群名称有哪些方法？
5. 社群淘汰规则的 3 种类型是什么？
6. 一个合理的社群结构中有哪些角色？
7. 社群规则中的日常规则一般包括哪些方面？
8. 某手机品牌（定位为入门级智能手机）粉丝群的建群动机是为用户提供服务、塑造品牌，目标人群是 18～30 岁的年轻人。请为该手机品牌的粉丝群进行定位，并使用通义和标小智分别设计社群名称、口号和 Logo，同时为其制定社群规则。

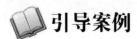
社群扩张

✏️ 学习目标

【知识目标】

1. 掌握社群引流的相关知识。
2. 掌握社群裂变的相关知识。

【技能目标】

1. 能够策划并实施不同渠道的社群引流，为社群引入更多新成员。
2. 能够策划并实施有吸引力的社群裂变活动，刺激老成员积极参与裂变活动，扩大社群规模。

【素养目标】

1. 增强法律意识，在实施社群扩张的过程中避免违法违规。
2. 做到诚实守信，不通过虚假承诺实现社群扩张。

📝 项目导读

社群扩张是指社群在发展到一定阶段时，通过引流和裂变的方式，增加成员数量，扩大影响力。社群扩张对于社群来说有很重要的积极意义，更多的社群成员意味着更多的资源和支持，甚至意味着更多的变现收入。社群扩张是一项系统工程，需要综合考虑内外因素，科学选择时机，并配备相应的资源和支持。通过精心策划和有效执行社群引流和裂变，社群能够实现健康、持续的扩张，为社群成员和社群本身带来更多的价值。

"库优健身联盟"社群建立以来，凭借其独特的理念和定位，获得了不少成员的喜爱和肯定。然而，由于缺少主动宣传，社群成员数量增长缓慢，始终保持在几十人左右，这制约着社群的进一步发展。为改变现状，实现社群的快速成长，老李认为应该对"库优健身联盟"社群进行扩张，通过一系列精心设计的社群引流和裂变策略，吸引了大量新成员加入，为社群的后续发展奠定了基础。

📖 引导案例

孩子王粉丝社群的扩张

孩子王是一个专注于母婴新零售的品牌。孩子王社群主要聚焦于"80 后""90 后"的年轻妈妈群体，社群建立的目的在于获取新用户、维护老会员，同时希望通过高质量的内容和活动运营激发用户的购买欲。

在社群扩张方面，孩子王利用实体店可以与用户直接接触的优势，通过销售提成、业绩奖励等手段激励门店导购主动通过发放优惠券、分享促销信息等方式吸引用户加入社群。

同时，孩子王会在社群中筛选出高价值的成员，尤其是那些热爱分享、对品牌忠诚度高的成员，并将其发展为兼职导购或社区团长，鼓励他们利用自身的社交关系网络（如朋友圈、微信群等）推荐产品、分享使用体验，吸引更多用户加入社群。

此外，孩子王精心挑选具有吸引力的产品进行引流，如儿童早教机，通过设置较低的活动价格吸引目标群体，要求他们邀请一定数量的用户加入社群才能享受价格优惠，以此成功地扩大了社群规模。

点评：孩子王巧妙利用实体店优势，采用激励机制、关键成员转化及引流产品优惠等策略，实现了社群的高效裂变与扩张。

任务一　社群引流

任务描述

根据前期的规划，在社群扩张阶段，第一步是为社群引流，以扩大社群规模，提高社群的影响力。小张在学习常用的社群引流渠道及引流方法后，决定通过多样化的渠道进行社群引流。任务单如表 3-1 所示。

表 3-1　　　　　　　　　　　　　　　任务单

任务名称	社群引流	
任务背景	考察各种引流渠道后，小张决定通过微博、微信和线下 3 种渠道为"库优健身联盟"社群引流。为此他注册了专门的微博账号、微信公众号和企业微信号。此外，他还与库优品牌的线下门店取得联系，争取其对社群引流活动的支持	
任务类别	■ 社群引流　□ 社群裂变	
工作任务		
任务内容	**任务说明**	
任务演练 1：通过微博为社群引流	① 设置个人资料，介绍社群，并植入引流信息 ② 借助热门话题的热度吸引人们的关注，并植入引流信息	
任务演练 2：通过微信公众号和企业微信号为社群引流	① 通过微信公众号发布文章、设置自定义菜单引流 ② 利用企业微信号在朋友圈宣传、私信邀请引流	
任务演练 3：策划线下场景引流	开展地推活动、实体店引流、赞助赛事	

任务总结：

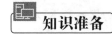
知识准备

一、微博引流

微博作为主流的社交媒体平台，具有巨大的流量和众多活跃用户，社群运营人员可以采用以下方式为社群引流。

（1）通过个人资料引流。通过创建的社群官方账号引流，如将社群 Logo 设置成头像，或在个人简介中留下联系方式（见图 3-1），如微信号、微信公众号、邮箱等，建议使用表情符号或谐音文字，避免被平台限流。另外，还可以在微博背景图中添加引导语，邀请用户添加个人微信或关注微信公众号。

（2）发布社群相关内容。介绍社群的理念、文化、入群方式（见图 3-2），或定期发布与社群相关的高质量内容，如社群活动预告或精彩瞬间、群聊中的有趣对话、成员故事或心得分享等，激发潜在用户的好奇心和参与欲望，进而实现引流。

图 3-1　通过个人资料引流示例

图 3-2　发布社群相关内容示例

（3）参与热门话题。在与社群相关的热门话题下发布微博，或在该话题的热门微博下留言，通过有价值的内容（如专业评论、原创观点等）吸引用户关注，并巧妙加入社群的引流信息（要避免直接留下联系方式以免违规），如"想要了解更多内容？那就加入我们的社群，与同好们一起交流吧！私信我哦"或者"我所在的一个群正在讨论这个话题，欢迎加入我们"。

（4）关键词搜索。通过搜索特定关键词找到与社群定位相符的用户，然后通过评论区或私信为社群引流。例如，某奶粉品牌在为粉丝群引流时，通过在微博搜索关键词"我家宝宝"或"我家闺女"等，找到目标人群——年轻父母。

（5）互推合作。与其他微博账号进行互推，尤其需要选择与自身定位、目标人群相似的微博账号合作，借助他人的影响力为社群引流。例如，某代餐品牌社群可以与健身博主合作，通过开展联合营销，吸引健身博主的粉丝入群。

⏰ **行业点拨**

需要注意的是，在为社群引流尤其是跨平台引流时，一定要遵守平台规则，避免直接留下微信号、社群二维码、站外链接等信息，尽量通过委婉、间接的方式提及社群及入群方式，以防被平台处罚。

二、微信引流

微信是当下主流的社交媒体平台,包括微信公众号、微信小程序和企业微信号 3 种引流渠道,社群运营人员可以从这 3 个渠道入手进行引流。

(一)微信公众号引流

微信公众号提供文章群发、自定义菜单、设置关键词回复等功能,社群运营人员可以借助这些功能为社群引流。

(1)微信公众号文章引流。微信公众号文章引流有以下 3 种策略。

① 直接宣传。社群运营人员可以利用微信公众号直接发布推广社群的文章,阐明社群的定位与价值(见图 3-3),吸引对社群感兴趣的用户。

② 软文引流。社群运营人员可以围绕社群主题,针对目标人群的兴趣,撰写并发布高质量、有价值的文章(包括实用信息、行业见解、教程或故事),吸引用户关注。然后在文章中植入社群信息,如在文章结尾植入"加入'心科技'社群,获取一手产品评测和数码资讯"的信息,同时还可以提供社群二维码或入群链接。

③ 利益诱导。社群运营人员可以在微信公众号文章中加入福利、特权等利益点吸引用户加入社群,如图 3-4 所示。

图 3-3　直接宣传示例

图 3-4　利益诱导示例

(2)自定义菜单引流。社群运营人员可以在微信公众号中利用自定义菜单功能,创建一个专门用于社群引流的菜单,如图 3-5 所示,然后设置菜单内容为社群介绍或社群二维码。

(3)关键词回复引流。社群运营人员可以在微信公众号中设置关键词回复,当用户发送特定关键词(如"进群")时,系统自动回复社群引流信息,如社群介绍和加入指引,如图 3-6 所示。

图 3-5　自定义菜单引流示例　　　　图 3-6　关键词回复引流示例

（二）微信小程序引流

微信小程序具有轻量级、使用方便的特点，也是一大流量入口。社群运营人员可以在微信小程序内设置明显的社群入口，如首页横幅、底部菜单栏或专门的"社群"页面；同时，使用吸引人的文案描述社群的价值，如"加入我们，解锁更多福利"，然后设置一键加入社群的按钮，简化入群流程，如图 3-7 所示。

（三）企业微信号引流

企业微信号是微信针对企业级市场推出的独立应用，它不仅提供丰富的内部沟通和协作工具，还具备强大的客户关系管理和市场拓展能力。利用企业微信号为社群引流是一种直接且有效的方式，具体可以采取以下策略。

（1）朋友圈引流。在朋友圈直接宣传社群，或者发布软文引流。

（2）私信邀请。根据企业微信号的好友个人资料和互动记录，选择对社群感兴趣的人，向其发送入群邀请信息，如图 3-8 所示。

图 3-7　微信小程序引流示例　　　　图 3-8　私信邀请入群示例

⏰ **行业点拨**

　　社群运营人员还可以利用微信个人号来为社群引流，其策略与企业微信号引流策略类似，也是通过朋友圈宣传、发私信引流。当然，企业微信号的营销功能更多，如自动欢迎语、会话存档、客户标签分类、数据统计、客户资源管理、离职继承等，社群运营人员可以合理利用这些功能。

三、短视频平台引流

　　当前，观看短视频成为主流的娱乐方式，抖音、快手、微信视频号等短视频平台已经拥有庞大的用户数量和极高的用户活跃度，这为社群引流提供了较大的便利。短视频平台引流的策略有以下几种。

　　（1）短视频内容引流。制作有趣、有价值或能引起情感共鸣的短视频，同时确保短视频内容与社群主题紧密相关，以便有效吸引目标用户（见图 3-9），然后在短视频结尾处通过"口播+字幕"的形式，邀请用户加群，如"如果喜欢我的内容，请私信我，我会告诉你如何加入我的社群"。

　　（2）评论区引流。在短视频中引导用户查看评论区，然后在评论区置顶包含引流信息的评论，如图 3-10 所示。

　　（3）账号简介引流。在账号简介中加入引流信息，引导用户加群，需注意避免使用过于直接的引流词汇，以免被平台检测到并限流。

图 3-9　短视频内容引流示例

图 3-10　评论区引流示例

四、搜索引擎引流

通过搜索引擎（如百度、搜狗）为社群引流是指利用 SEO（Search Engine Optimization，搜索引擎优化）和 SEM（Search Engine Marketing，搜索引擎营销）策略来提高社群在搜索引擎结果页面中的曝光度，从而吸引更多的用户加入社群。

（一）SEO

SEO 是一种旨在提高网站或网页在搜索引擎自然（非付费）搜索结果中的排名，从而增加网站流量的策略。通过 SEO 为社群引流，通常涉及以下几个步骤。

（1）关键词研究。首先，需要确定与社群主题相关的关键词，这些关键词是目标人群在搜索引擎中可能输入的词或短语。具体可以使用关键词挖掘工具（如爱站网、5118、站长工具）分析关键词的热度、竞争激烈度，选择热度相对较高、竞争激烈度相对较低的关键词。图 3-11 所示为在站长工具中查询"书法"相关关键词的结果，从图中可以看出，"书法作品欣赏""书法字典""硬笔书法作品"这些关键词的热度较高、竞争激烈度较低，适合作为植入关键词。

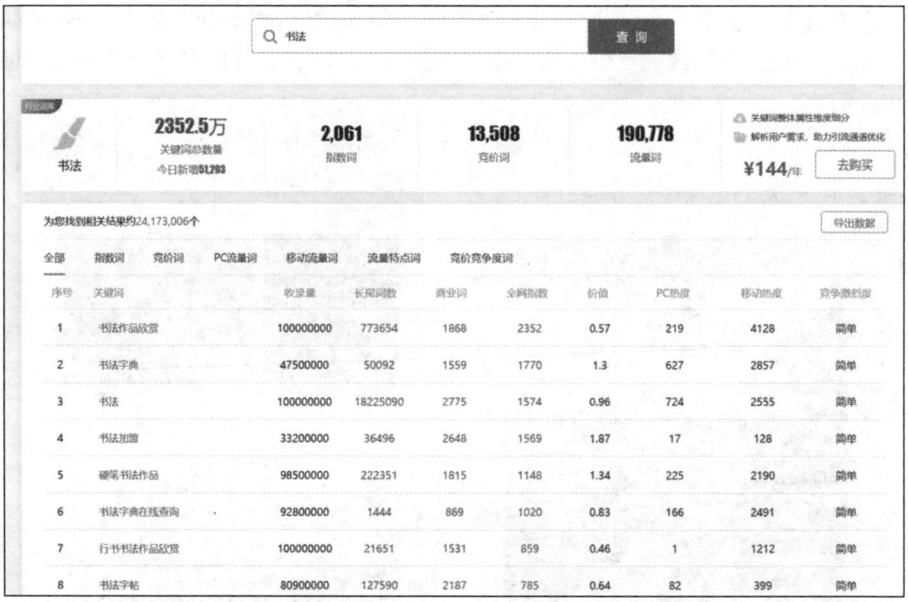

图 3-11 在站长工具中查询"书法"相关关键词的结果

（2）建设网站或选择平台。社群运营人员可以考虑建立一个专门的网站，作为社群内容的集中展示地，也可以在现有的知名内容发布平台上发布内容，如百家号、今日头条、知乎、简书等，这些平台本身就有较大的搜索引擎排名优势。

（3）内容创作与优化。针对目标人群的需求，写作高质量、有价值的内容，然后在标题、正文、URL（Uniform Resource Locator，统一资源定位符，俗称网址）等地方自然地植入关键词，但应避免关键词堆砌，以免影响阅读体验。

（4）社群广告植入。在文章中自然地提及社群，可以在文章末尾简短介绍，或者在相关内容中植入社群广告；也可以展现加入社群后可享受的特别福利，如免费资源、优惠券、独家内容等，引导用户加入社群。

（5）内容结构与用户体验。优化页面结构，确保页面结构清晰；使用标题标签、列表、段落等元素，增强内容的可读性和吸引力；优化用户体验，确保网站加载速度快，对移动设备友好，并提供直观的导航。

（二）SEM

SEM 是在搜索引擎平台投放广告，通常由企业通过竞价排名的方式购买关键词，搜索引擎根据出价和相关性来确定广告的展示位置。借助 SEM 为社群引流是一种快速、直接的方式，一般包括以下步骤。

（1）目标人群定位。了解社群所吸引的人群类型，包括年龄、性别、兴趣、职业等。如果社群面向特定地区的人群，可以设置广告的地理定位，确保广告只展示给该区域的人群。

（2）关键词策略。确定与社群主题相关的关键词，这些关键词应该是目标人群经常搜索的词。

（3）广告创意。撰写具有吸引力的广告标题和描述，同时确保广告链接到一个优化过的着陆页，页面应包含社群的介绍、加入流程和明确的加入号召。

（4）广告投放设置。将广告内容投放至搜索引擎的广告平台，设定每日预算或总预算，根据关键词的竞争程度和预期效果设定出价。需注意选择较佳的广告展示时间，要考虑目标人群的在线活跃时间段。

（5）监测与优化。监测广告数据和效果，不断优化广告内容和投放策略，提高广告效果和转化率。

五、知乎引流

在知乎上为社群引流是一种高效且针对性强的引流方式，因为知乎用户往往对专业知识、深度内容和高质量的讨论感兴趣。

（1）发布回答。首先寻找与社群主题相关的热门问题，并据此撰写高质量的回答（见图 3-12）。回答要丰富、准确、有见地、专业，必要时可以引用数据或实例来支持观点，以增强说服力和吸引力；同时要注意适当展示社群的亮点（见图 3-13）。可以通过分享社群成功案例、成员故事或正在进行的有趣项目来间接宣传，避免直接宣传引起用户反感。

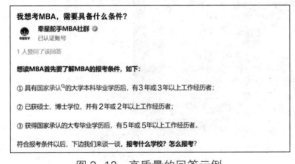

图 3-12　高质量的回答示例　　　　　　图 3-13　展示社群亮点示例

（2）提问。针对与社群紧密相关但尚未充分讨论的主题或角度，提出高质量、引人深思的问题。这些问题应该与社群主题紧密相关，并且能够激发用户的兴趣。在提问时，要确保问题描述清晰，避免使用过于直接的营销语言。例如，为绿植爱好者社群引流时，可以在知乎上提出绿植相关的问题，如图 3-14 所示，这个问题能吸引对绿植感兴趣的用户参与讨论，社群运营人员可以通过私信等方式邀请其加入社群。

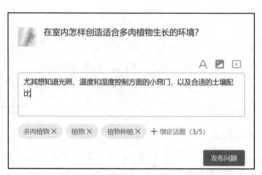

图 3-14　在知乎上提出绿植相关的问题

⏰**行业点拨**

　　在发布问题后，社群运营人员可以切换账号，自己先针对问题发表一些高质量的回答，以做示范，激发其他用户的回答热情。另外，还可以邀请社群内的活跃成员回答问题，增加问题的热度。

六、线下引流

　　社群线下引流是指通过线下渠道将目标人群引导至线上社群，以扩大社群规模，提升社群影响力。常见的社群线下引流方法如下。

　　（1）地推活动。在特定区域进行面对面的宣传推广，通过发放传单、小礼品等方式吸引人们关注并加入社群，如图 3-15 所示。

图 3-15　地推活动示例

　　（2）举办线下活动。组织与社群主题相关的线下活动，如研讨会、讲座、工作坊、聚会等，吸引目标人群参与，并在活动中引导他们加入线上社群。

（3）合作伙伴联动。与相关行业或领域的企业合作，通过举办联合活动或合作推广，相互引流。

（4）线下广告宣传。在人流量大的地方，如商场、公交站、地铁站等地方投放带有社群二维码的广告，吸引人们扫码加入。

（5）事件营销。可以赞助或参与本地赛事、文化节庆等，提高社群的曝光度，然后利用重大事件发起相关的线下活动，吸引人们加入社群。

（6）利用行业展会和会议。参加行业展会和会议，通过展位展示、分发资料等方式吸引参展者加入社群。

（7）实体店引流。利用实体店面来吸引人们，并将他们转化为社群成员。可以在店内显眼位置放置社群二维码，并通过社群专属福利吸引人们加群。另外，还可以培训店内员工，使他们主动邀请人们加入社群，或者在结账时附送加入社群的邀请卡。

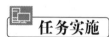

任务实施

任务演练 1：通过微博为社群引流

【任务目标】

在微博为"库优健身联盟"社群引流，以吸引更多人加入社群。

【任务要求】

本次任务的具体要求如表 3-2 所示。

表 3-2　　　　　　　　　　　　任务要求

任务编号	任务名称	任务指导
（1）	个人资料引流	设置与社群相关的头像、昵称和简介
（2）	借助热门话题引流	找到与运动健身相关的热门话题，发布带话题的微博

【操作过程】

1. 个人资料引流

小张打算先为"库优健身联盟"官方微博账号设置个人资料，并植入社群引流信息，具体步骤如下。

微课视频

设置个人资料

（1）设置头像。进入微博首页，单击右上角的"设置"图标按钮，在打开的下拉列表中选择"账号设置"选项。打开"账号信息设置"页面，单击头像，在打开的"编辑头像"页面中单击"更换头像"按钮，在打开的对话框中选择头像图片（配套资源：\素材\项目三\微博头像.png），单击"打开"按钮，返回"编辑头像"页面，单击"保存"按钮，如图 3-16 所示。

（2）设置昵称和简介。返回"账号信息设置"页面，在"昵称"栏中输入"库优健身联盟"，单击"保存"按钮。在"简介"栏中输入社群简单介绍与加入号召，单击"保存"按钮，如图 3-17所示。

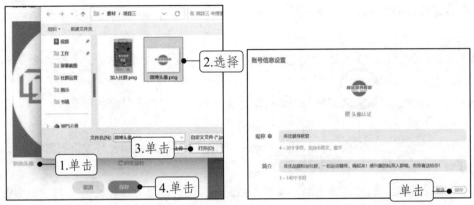

图 3-16　设置头像　　　　　　　　　　图 3-17　设置昵称和简介

2. 借助热门话题引流

小张找到与运动健身相关的热门话题，带话题发布微博内容、植入社群广告，具体步骤如下。

（1）找到热门话题。在微博首页搜索栏中输入关键词"健身知识"，按【Enter】键，在搜索结果页面左侧列表中选择"话题"选项，在打开的页面中选择热度高的话题，如图 3-18 所示。

（2）发布带话题的微博。进入该话题页面，在输入栏中的话题标签后输入健身相关知识，加入生动的表情符号，然后单击"发布"按钮。发布的效果如图 3-19 所示。

图 3-18　选择话题

图 3-19　发布带话题的微博

任务演练 2：通过微信公众号和企业微信号为社群引流

【任务目标】

通过微信公众号和企业微信号为"库优健身联盟"社群引流，扩大社群规模。

【任务要求】

本次任务的具体要求如表 3-3 所示。

表 3-3　　　　　　　　　　　　　　　　　任务要求

任务编号	任务名称	任务指导
（1）	微信公众号引流	采用软文引流、自定义菜单引流
（2）	企业微信号引流	采用朋友圈宣传、私信邀请引流

【操作过程】

1. 微信公众号引流

小张先在微信公众号上为社群引流，具体步骤如下。

（1）软文引流。在微信公众号发布运动健身相关的高质量文章，并在结尾处加入社群引流文案，强调社群专属福利，并号召人们入群。文案效果如图 3-20 所示。

图 3-20　通过软文引流

（2）自定义菜单引流。进入微信公众平台，选择左侧导航栏中的"内容与互动/自定义菜单"选项，在打开的页面中单击"添加菜单"按钮，如图 3-21 所示。在打开的页面右侧输入菜单名称"加入社群"，在"菜单内容"栏中单击"图片"按钮，在打开的"选择图片"页面中单击"上传文件"按钮，在打开的对话框中选择图片（配套资源:\素材\项目三\加入社群.png），单击"打开"按钮，返回"选择图片"页面，单击"确定"按钮，如图 3-22 所示。在页面右下角单击"保存并发布"按钮，自定义菜单即设置完成。

微课视频

设置自定义菜单

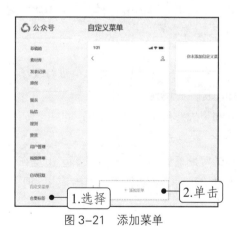

图 3-21　添加菜单

图 3-22　选择图片

2. 企业微信号引流

接着，小张利用企业微信号引流，具体步骤如下。

（1）朋友圈宣传。在朋友圈宣传"库优健身联盟"社群的亮点，使用图片展示社群群聊精华内容，并号召人们加入社群，如图 3-23 所示。

（2）私信邀请。浏览好友资料（头像、个性签名等），筛选运动健身爱好者，通过私信邀请他们入群。私信中可以提及加入社群的好处，如结识志同道合的朋友、获得惊喜福利等，如图 3-24 所示。

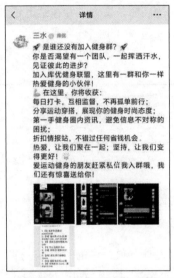

图 3-23　朋友圈宣传引流

图 3-24　私信邀请引流

任务演练 3：策划线下场景引流

【任务目标】

针对"库优健身联盟"社群制定简单的线下引流策略，以便后续实施线下引流。

【任务要求】

本次任务要求策划地推活动、实体店引流、赞助赛事 3 种线下引流活动，明确吸引关注及引导人们入群的方式。

【操作过程】

（1）开展地推活动。在市中心商业广场设置宣传点，由穿着统一服装的工作人员进行现场宣传，发放附有社群二维码的健身指南小册子和小礼品（如库优品牌的健身手环、水瓶）。

（2）实体店引流。在库优品牌实体门店的前台收银处和更衣室展示社群二维码，告知门店员工在接待人们时主动介绍社群，并引导他们扫码入群。

（3）赞助赛事。成为跑步、自行车、健身挑战等比赛的赞助商，争取让社群 Logo 出现在赛事相关物料上，并在赛事现场设置展位展示社群信息及入群二维码，通过强调入群专属福利吸引人们加入。

技能练习

请为某美妆品牌（旗下有粉饼、眉笔等人气产品）的粉丝社群设计引流策略，利用不同渠道为社群引流。

任务二 社群裂变

 **任务描述**

在开展一系列社群引流工作之后，"库优健身联盟"社群的成员数量明显增长，老李和小张分析后认为社群已经具备开展社群裂变的条件，可以通过社群裂变快速扩大社群规模（见表 3-4），从而迈入一个新的阶段。

表 3-4 任务单

任务名称	社群裂变	
任务背景	经过引流，"库优健身联盟"社群已具有一定规模，培养了一批活跃度较高、乐于参与社群事务的成员，并且社群运营机制也已成熟，还能从库优品牌处获得资源支持，因此基本具备社群裂变的条件	
任务类别	□ 社群引流 ■ 社群裂变	
工作任务		
任务内容	任务说明	
任务演练：策划并开展社群裂变活动	① 选择合适的裂变方式，并围绕裂变方式策划裂变活动的开展细节 ② 准备裂变活动物料，包括活码、社群裂变海报等 ③ 以种子成员为起点，启动社群裂变活动，做好过程监测、新成员欢迎等工作	

任务总结：

知识准备

一、社群裂变的条件

社群裂变是一种社群增长策略，其核心是将现有的社群成员作为传播的核心力量，鼓励他们自发地分享信息、邀请新成员加入，从而实现社群规模的迅速扩大。这种传播模式类似于病毒式传播，主要通过设计具有吸引力的活动、内容或奖励机制，促使社群内的现有成员（如 A）自发地将社群信息或入群邀请分享给其社交好友（如 B 和 C），进而再由这些新加入的成员继续向外扩散（如 B 向 D 和 E 传播，C 向更多人传播）。

社群裂变需要满足以下条件，才能使社群在扩大规模的同时保持其核心价值和功能，同时避免因盲目扩张而导致社群质量下降或管理混乱。

（1）社群基础稳固。社群成员数量达到一定规模，且已经积累了一定数量的对社群有较强认同感的活跃成员。

（2）提供足够的价值。社群能够持续提供有价值、有吸引力的知识、服务、优惠等，这些内容能够刺激成员自主传播社群信息，从而吸引更多人加入社群。

（3）运营机制成熟。社群运营机制完善，包括规则清晰、互动频繁、反馈机制健全等，这样在裂变过程中新加入的成员才能快速融入并接受社群文化。

（4）市场需求旺盛。市场对社群提供的产品、服务或内容有强烈需求，成员规模增长潜力大。

（5）驱动力充足。社群能提供足够的动力促使成员参与裂变，包括物质奖励（如优惠券、实物奖品）、精神奖励（如荣誉感、成就感）、社交货币（如认可度、影响力）等。

（6）外部环境配合。社群利用节假日、特定纪念日或热点事件进行裂变，可以借势提高关注度和参与度。

二、社群裂变的方式

社群裂变的方式多种多样，各具特色，主要是利用人们的分享欲、好奇心和对奖励的追求，激发老成员参与裂变，激发新成员加入社群的热情。具体来说，社群裂变可以采取以下方式。

（1）设计互动小测试。设计有趣的在线小测试，如心理测试、性格分析、知识问答等，利用人们的好奇心和分享欲，促使老成员将其分享至各个平台，吸引更多人参与并加入社群。

（2）转发集赞。鼓励老成员转发社群裂变海报到朋友圈等社交媒体平台，当点赞数达到一定水平时，给予老成员奖品或优惠作为奖励（见图3-25）。

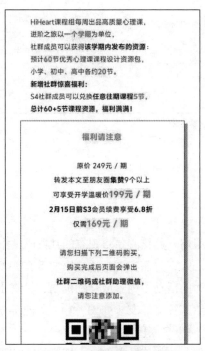

图3-25 转发集赞示例

（3）老带新奖励机制。实行邀请制度，通过为老成员提供奖励，如积分、优惠券、现金红包等，激励老成员积极邀请朋友加入。为增强裂变活动的吸引力，可以让老成员和新成员都获得邀请奖励。

（4）砍价裂变。砍价裂变是指产品的初始价格设定较高，随着邀请好友助力人数的增加，价格逐步降低。在社群内发起砍价活动（选择热门产品或服务），促使老成员为了获得价格优惠，邀请自己的朋友入群帮忙砍价。通常可以在活动开始前期给予老成员大幅度降价的体验，激发其继续邀请更多人的动力。

（5）红包裂变。红包裂变与砍价裂变的逻辑相反，老成员需要积累一定的金额才能领取红包。在开始阶段，可以给予老成员较高的累积比例，如完成首次任务即可获得红包总额的 90%，这样能够使老成员更快验证奖励的真实性，提升老成员的参与度。

（6）拼团裂变。在社群内发起拼团活动（拼团需要达到一定的人数，以获得更低的价格），老成员为享受价格优惠，会积极邀请他们的朋友加入社群并参与拼团（见图 3-26）。

图 3-26　拼团裂变示例

（7）内容裂变。通过持续生产高质量、有价值或有趣的内容，激发老成员的分享欲望，促使他们主动传播内容，从而吸引新成员加群。

素养课堂

　　在社群引流、裂变的过程中，不得进行虚假或误导性的宣传，如虚假承诺入群福利等。同时尽量避免采用多层次的分销模式，否则若设计和执行不恰当，可能会被视为传销活动，触犯法律。

三、社群裂变的流程

社群裂变是一个涉及多个步骤的复杂过程，包括策划裂变活动、准备裂变活动物料、选择种子成员和开展裂变活动、监测与优化等环节。

（一）策划裂变活动

策划裂变活动可以从确定活动时间、选择裂变方式、制定裂变规则入手。

（1）确定活动时间。活动时间不应过短或过长：过短可能不足以吸引足够多的参与者，而过长则可能导致参与者兴趣减退。一般而言，活动时间为一到两周较为适宜。

（2）选择裂变方式。选择裂变方式时应考虑社群成员的特点和需求，如社群中老成员十分活跃，渴望通过参与社群事务获取奖励，那么就可以选择老带新奖励机制的裂变方式。此外，选择裂变方式还应考虑社群的运营能力，即选择社群运营团队能有效执行的裂变方式，若社群运营团队运营能力不足，可以选择简单易行的裂变方式，如转发集赞等。

（3）制定裂变规则。裂变规则应全面细致，但也要简单易懂、直观明了。裂变规则的组成、内容及示例如表3-5所示。

表3-5　　　　　　　　　　　　　　　裂变规则的组成、内容及示例

组成	内容	示例
参与资格	明确哪些人可以参与活动	仅限参加过社群活动的成员参与
任务描述	清晰地说明老成员需要完成的任务	邀请 3 人加入社群或者转发社群裂变海报到朋友圈并集赞 50 个
奖励机制	包括老成员的奖励和新成员的奖励，以及奖励的获取条件和发放方式	【老成员的奖励】每邀请 1 人，获得 100 积分；邀请 5 人，额外获得智能保温杯 1 个。积分即时计入老成员账户，保温杯在活动结束后统一邮寄 【新成员的奖励】加入社群即可获得普通保温杯 1 个，在活动结束后统一邮寄
邀请规则	有效邀请的规则，包括新成员需要完成的特定行为；邀请人数的上限；关于重复邀请同一人的处理办法	有效邀请的规则：新成员需要通过邀请链接完成注册，并在注册后的 24 小时内发布一条消息 邀请人数上限：每位老成员最多可以邀请 10 人 重复邀请同一人的处理办法：如果同一个人被多次邀请，只有第一次通过邀请链接完成注册的邀请被视为有效邀请
转发规则	转发渠道的规定，如是否限定在特定的社交媒体平台上；转发内容的规范，包括是否使用官方提供的文案和图片等	转发渠道：在微信朋友圈、小红书上转发 转发内容：必须使用官方提供的文案和图片，文案为"快扫码加入社群，领取 99 元礼包吧！"，图片为社群裂变海报

⏰ **行业点拨**

设置奖励机制时，要充分考虑老成员和新成员的需求，同时要符合社群主题。例如，摄影爱好者社群裂变活动的奖励机制为老成员和新成员均可获得 10 元摄影课程抵用券。

此外，裂变奖励的成本不宜太高（为降低成本，可以选择不用快递和包装成本的虚拟奖品，如电子书、线上培训课程优惠券等），但数量要尽可能多，以吸引更多的参与者。

（二）准备裂变活动物料

裂变活动需要准备的物料包括以下几个方面。

（1）社群裂变海报。社群裂变海报（见图3-27）主要面向潜在新成员，应具备较强的视觉吸引力，通常包含活动名称、时间、规则、奖励信息（即新成员可得的入群福利）及入群二维码等信息。裂变海报的设计要注意以下几点。

① 强调价值。海报必须在醒目的位置清晰地表明社群或活动能带来的价值，如"免费学习由行业专家主讲的创新思维提升课程"。此外，社群运营团队还可以给社群福利标定一个较高的价格，然后提供大幅折扣或免费获取的机会，以提升社群或活动的吸引力。例如，"原价79元，现在扫码入群免费领取"。

② 制造紧迫感。通过设定明确的时间、数量限制，如"活动仅限今天"或"仅限前100名用户"，营造出一种"现在不行动就永远失去机会"的紧迫感，以刺激潜在新成员立即采取行动。

③ 信任背书。信任背书是指任何可以增加活动可信度的信息，如权威机构推荐的行业标准认证、知名人士的推荐、能证明销量/好评的数据（如"3个月销量突破百万件"）等。信任背书有助于建立信任，让潜在新成员相信活动是值得参与的。

④ 使用活码。社群裂变海报往往会在下方添加入群二维码，一般应使用活码，即可以动态更新内容的二维码。创建活码可以使用专业的二维码生成工具，如草料二维码、互联二维码。

图3-27 社群裂变海报示例

⏰ 行业点拨

传统的静态二维码一旦生成便不可更改，活码能够在不改变二维码本身的情况下更新其指向的内容或链接。这意味着可以随时调整二维码指向的内容，避免因信息更新而导致物料浪费，因此活码非常适用于活动细节经常变化的场景。尤其是微信群，其人数超过200人时后加入者就不能扫码进群，且入群二维码的有效时间只有7天，因此更需要使用活码。

（2）群内话术。群内话术旨在通过语言表达有效地与社群成员沟通，引导他们参与活动，同时维护社群的良好秩序。群内话术主要包括入群话术、审核话术和提醒话术，具体内容如表3-6所示。

表 3-6　　　　　　　　　　　　　　群内话术的内容

话术类型	解释	内容
入群话术	入群话术影响新成员加入社群时的第一印象，它的目的是让新成员感到自己受欢迎，并给新成员清晰的指导	① 欢迎词，表达对新成员的热情欢迎 ② 社群规则简介，让新成员了解基本的行为规范 ③ 明确的任务指引，给新成员分配任务，包括填写个人信息、继续邀请他人加入社群等，如"为了让更多小伙伴加入我们的行列，我们需要你的帮助。请将此社群二维码转发至你的朋友圈，并附上推荐语（见下方模板）。完成后，请私信管理员，我们将尽快审核" ④ 转发文案模板，便于新成员直接复制粘贴，简化操作流程，如"我刚刚加入了一个超级棒的社群——[社群名称]，这里聚集了许多对[社群主题]感兴趣的朋友。如果你也热爱[社群主题]，欢迎扫码入群，一起来交流！"
审核话术	审核话术用于通知成员他们的参与行为（完成一项任务）已被接受或认可	① 明确告知成员他们的行动已经通过审核，如"亲爱的[用户名]，感谢你的积极参与和支持！我们已经审核并通过了你的转发记录" ② 表达对成员行动的赞赏和感激，如"你的努力对我们非常重要，正是有像你这样热心的成员，我们的社群才能不断壮大" ③ 强调成员现在可以享受的社群权益，如"从现在起，你将解锁更多社群权益，包括[列出具体权益，如优先参与活动、获取独家资料等]。期待你在社群中做出更多贡献！"
提醒话术	提醒话术是为了促使那些未完成任务的成员采取行动	① 温和而礼貌地提醒成员完成任务，如"亲爱的群友们，时间过得真快！我们注意到部分群友尚未完成转发任务。为了社群的成长，我们诚挚邀请这些群友参与" ② 说明完成任务的重要性及其对社群和个人的价值，如"转发不仅能帮助社群成长，也能让大家结识更多志同道合的朋友，获得社群内的更多资源和机会" ③ 提供简明的操作指南或再次给出任务的具体要求

（三）选择种子成员

种子成员在裂变活动初期扮演着至关重要的角色，他们是活动信息的最初传播者，负责将活动信息传递给更广泛的潜在新成员。理想的种子成员是那些积极参与社群活动、热衷分享，以及在目标人群中有一定影响力和信任度的成员。

（四）开展裂变活动

一旦确定好种子成员，就可以正式开展裂变活动。这一环节的大致流程如下。

（1）将海报发给种子用户。将社群裂变海报分发给选定的种子成员，让他们成为裂变活动的初始传播者。

（2）种子用户转发海报。种子成员将社群裂变海报转发到多个社交媒体平台，吸引更多潜在新成员入群。

（3）目标人群加入社群。潜在新成员看到社群裂变海报后，可能会产生兴趣，并扫描海报上的二维码加入社群。

（4）社群管理员发送提醒。社群管理员发送入群话术，提醒新成员完成指定任务。

（5）新成员继续邀请。新成员按照指示转发社群裂变海报，进一步推广社群并获得相应的奖励。

（五）监测与优化

在社群裂变活动开展期间，应持续监测活动进展情况，可以利用裂变工具的数据面板，持续关注关键指标，如新增成员数、二维码扫描次数、扫码转化率（扫码后实际加入社群的人数／扫码总次数）等。通过观察数据趋势，判断活动是否按预期发展，如有必要，可以及时调整策略。

安排专人处理群内的咨询和投诉。这些人员应针对新成员的问题和疑虑迅速做出回应，减少不满情绪的积累；同时，新成员入群后可能会做出违反规则的行为，如打广告、发布违禁内容等，对此应立即采取行动，如警告、移除等。

> 🕐 **行业点拨**
>
> 当社群裂变活动规模较大时，可以考虑使用社群裂变工具来管理。社群裂变工具的常用功能包括生成活码（当一个群满员后，自动切换成下一个群的二维码）、自动拉群（当新成员扫码后，自动将其分配至合适的社群）、裂变海报制作、数据分析与监控、群聊机器人（自动发布入群话术、群聊监控等）。市场上的社群裂变工具有很多，如进群宝、小裂变等，这些工具大多需要付费，可以根据社群实际需求选择。

四、社群裂变的陷阱

社群裂变陷阱是指在社群裂变过程中，因管理不当或策略失误而使社群陷入困境，可能会严重损害社群的健康和发展。常见的社群裂变的陷阱有以下几种。

（1）引入大量无关人员。当社群没有清晰的目标人群定位时，可能会吸引与社群目标人群不匹配的成员加入，导致社群内部混乱，原有成员可能会感到社群的方向偏离，失去归属感，特别是原有的核心成员可能会感到社群成员的平均素质下滑，进而选择离开，导致社群失去关键的支持者和活跃参与者。为应对这一陷阱，在社群裂变时，可以设置一定的准入门槛，如回答关于社群主题的问题，这有助于筛选出真正与社群相关的成员。

（2）社群秩序维护不佳。大量新成员加入后，如果缺乏有效的管理，社群容易变成无序的空间，充斥着广告、"灌水"等无关信息，失去原本的交流价值。这可能导致社群环境恶化，成员体验下降，成员信任度和参与度降低。为应对这一陷阱，可以招募和培训一支专业的管理团队，确保管理员有效地监督社群，同时要赋予管理员必要的权限，以便他们能迅速处理违规行为。

（3）社群管理过严。随着社群规模的扩大，部分社群为避免出现混乱，会加强对社群的控制和约束。但如果强势推行一些大家都不认同的社群规则，可能会抑制社群的活力，降低成员的参与度。为应对这一陷阱，在制定社群规则时，可以让社群成员参与讨论和决策过程，确保规则是大家共同认可的。同时，要找到管理的平衡点，并设定基本的界限，在界限之内给予成员充分的自由，避免过度干预社群的自然交流。

（4）内容/活动运营滞后。随着社群规模扩大，组织大型活动的难度增加，内容需求更复杂，此时社群如果无法满足成员在内容/活动方面的需求，可能也会导致活力下降，直至消亡。为避免这类陷阱，社群运营人员需要提前规划，确保有足够的资源和能力来应对社群规模的扩大，可以通过招募更多内容/活动运营人才、采用自动化工具、增加内容产出渠道等来实现。

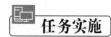任务实施

任务演练：策划并开展社群裂变活动

【任务目标】

为"库优健身联盟"社群开展一场裂变活动，促使现有成员积极邀请他人加入，增加社群成员数量。

【任务要求】

本次任务的具体要求如表3-7所示。

表3-7　　　　　　　　　　　　　　　　任务要求

任务编号	任务名称	任务指导
（1）	设计裂变活动方案	方案包括活动时间、裂变方式、参与对象、任务描述、奖励机制、转发规则
（2）	制作活码	在互联二维码平台中制作
（3）	制作社群裂变海报	选择模板→更换素材→更改二维码→修改海报并下载
（4）	开展社群裂变活动	选择并动员种子成员→欢迎新成员进群→监测与跟进

【操作过程】

1. 设计裂变活动方案

小张综合考量活动的目标、参与者的动机、社群的特性，设计了一套既能激发社群成员参与热情，又能有效吸引他人加入社群的"转发集赞"裂变活动方案，如表3-8所示。

表3-8　　　　　　　　　　　　　　　　裂变活动方案

项目	详细说明	理由
活动时间	2024年4月8日—4月14日	一周的时间足够集赞，同时也能避免活动周期太长，导致成员的兴趣消退
裂变方式	转发集赞	转发和集赞的操作简单，参与门槛低，对于社群运营人员而言难度较小，容易掌控；转发集赞的成本较低，主要依赖于社群成员的社交影响力
参与对象	库优健身联盟的所有成员	以社群成员为基础，可加强对活动的管控，避免混乱
任务描述	成员需将裂变海报转发到微信朋友圈，集齐至少50个赞	50个赞的目标既能取得扩大社群传播范围的效果，又不至于使人望而却步
奖励机制	老成员奖励：价值100元的健身课程抵用券 新成员奖励：价值79元的迎新礼包，包含健身指南、营养建议手册、个性化训练计划等	① 老成员的奖励是非实物的物质激励，一方面有较强的吸引力，同时又无须支出快递费、包装费 ② 新成员的奖励为实用的健身内容，可以体现社群的专业性和价值性，同时成本很低
转发规则	转发渠道：微信朋友圈 转发内容：使用社群提供的文案和海报	使用社群提供的文案和海报可以保持社群形象的统一，同时减少成员在转发时的不确定性内容和错误

2. 制作活码

接着，小张在活码制作平台中制作活码，具体步骤如下。

（1）准备制作活码。进入互联二维码主页，单击"互联二维码生成器"栏下的"微信群活码"按钮，如图 3-28 所示，在打开的页面中单击"立即使用"按钮。

（2）上传二维码。在打开的页面中单击"我已阅读，下一步"按钮，在打开的"添加二维码"页面中单击"+"按钮，在打开的对话框中选择要上传的二维码图片（配套资源：\素材\项目三\群二维码 1.png），在打开的页面中单击"确定"按钮，如图 3-29 所示。

图 3-28　单击"微信群活码"按钮

图 3-29　单击"确定"按钮

（3）继续上传二维码。返回"添加二维码"页面，单击"添加二维码"按钮，按照相同的方法上传二维码图片（配套资源：\素材\项目三\群二维码 2.png），单击"下一步"按钮。

（4）下载二维码。在打开的"中间页设置"页面中保持默认设置，单击"下一步"按钮，在打开的"查看活码"页面中单击"下载二维码"按钮，如图 3-30 所示，即可将制作的活码下载到计算机中。

图 3-30　单击"下载二维码"按钮

3. 制作社群裂变海报

制作完活码后，小张又在凡科快图中制作社群裂变海报，具体步骤如下。

（1）选择模板。进入凡科快图首页，搜索"社群裂变"，在"价格"栏选择"免费"选项，选择一个模板，如图 3-31 所示。

（2）更换素材。进入模板编辑页面，双击模板中间的图案，在打开的页面中搜索"运动"，在下方选择合适的素材，如图 3-32 所示。

微课视频

制作社群裂变
海报

图 3-31　选择模板

图 3-32　更换素材

（3）更改二维码。双击模板中的二维码，在打开的页面中单击"上传二维码"选项卡，再单击"请先上传二维码图"按钮，如图 3-33（a）所示，在打开的对话框中选择之前制作好的活码（配套资源：\素材\项目三\活码.png），然后单击"打开"按钮。返回"更改二维码"页面，单击"上传 Logo"按钮，在打开的页面中单击"本地上传"按钮，在打开的对话框中选择社群 Logo 图片（配套资源：\素材\项目三\社群 Logo.png），单击"打开"按钮，如图 3-33（b）所示，最后单击"更改完成"按钮。

（a）

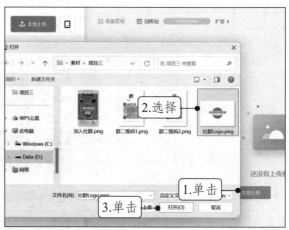

（b）

图 3-33　更改二维码

（4）修改海报并下载。返回模板编辑页面，修改其中的文字，单击右侧的"颜色"按钮，在下方选择合适的背景颜色（背景与上层图片叠加后为紫色），如图 3-34 所示，完成后的效果如图 3-35 所示。单击页面右上角的"下载"按钮，在打开的页面中单击"点击下载"按钮，即可将海报下载到计算机中（配套资源：\效果\项目三\社群裂变海报.png）。

图 3-34 设置背景颜色　　　　　图 3-35 海报效果

4. 开展社群裂变活动

准备就绪后，小张立即开展社群裂变活动，具体步骤如下。

（1）选择并动员种子成员。小张从社群中选择了 10 位忠诚度高的活跃成员，并动员他们转发社群裂变海报到朋友圈集赞，如图 3-36 所示。

（2）欢迎新成员进群。种子成员的好友在看到裂变海报后，可能会扫码加入社群，此时社群运营团队应发送入群话术，表示欢迎，并介绍社群基本规则，同时号召新成员也参与转发海报集赞活动，如图 3-37 所示。

图 3-36 动员种子成员　　　　　图 3-37 发送入群话术

（3）监测与跟进。密切监测活动进展，包括集赞成功的成员数量、新成员数量及新成员入群后的表现等。一旦发现新成员违反社群规则，应及时干预，避免社群质量下降。

技能练习

为某旅游爱好者社群策划一场操作简单、成本低的裂变活动，要求确定裂变方式、制定裂变规则、制作活码和社群裂变海报。

综合实训　为办公技能学习社群策划引流与裂变活动

实训目的：练习使用社群引流与社群裂变的方法，以巩固社群引流和社群裂变的相关知识。

实训要求：某办公技能学习社群（微信群）专注于 Excel、PPT、Word 等办公软件的学习，面向职场人士和学生。该社群打算先通过多种渠道进行引流，再开展一场“老带新”社群裂变活动，以扩大社群规模。请为该社群策划引流与裂变活动。

实训思路：本次实训的具体操作思路可参考图 3-38。

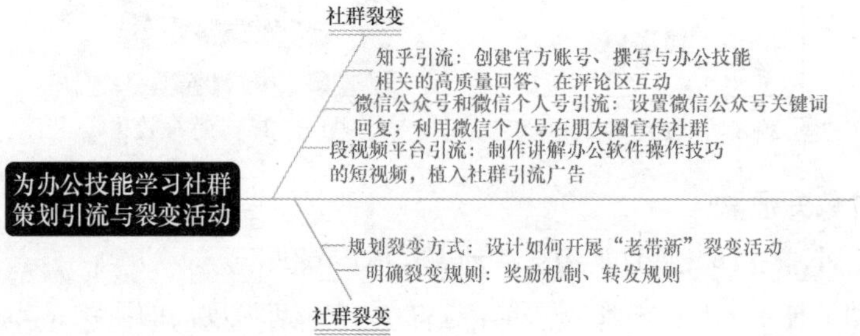

图 3–38　实训操作思路

实训结果：社群引流策划如图 3-39 所示，社群裂变策划如图 3-40 所示。

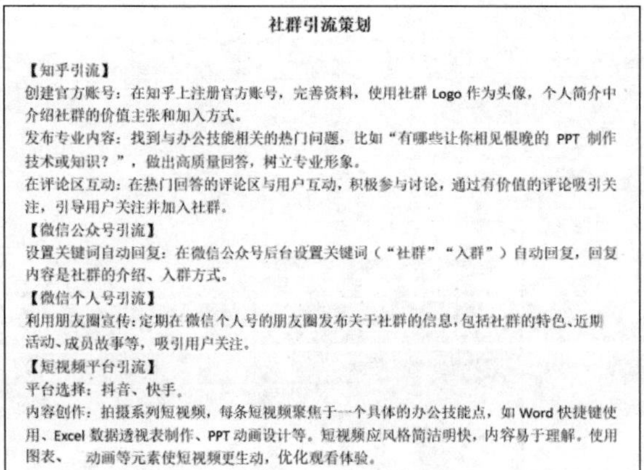

社群引流策划

【知乎引流】
创建官方账号：在知乎上注册官方账号，完善资料，使用社群 Logo 作为头像，个人简介中介绍社群的价值主张和加入方式。
发布专业内容：找到与办公技能相关的热门问题，比如“有哪些让你相见恨晚的 PPT 制作技术或知识？”，做出高质量回答，树立专业形象。
在评论区互动：在热门回答的评论区与用户互动，积极参与讨论，通过有价值的评论吸引关注，引导用户关注并加入社群。
【微信公众号引流】
设置关键词自动回复：在微信公众号后台设置关键词（“社群”“入群”）自动回复，回复内容是社群的介绍、入群方式。
【微信个人号引流】
利用朋友圈宣传：定期在微信个人号的朋友圈发布关于社群的信息，包括社群的特色、近期活动、成员故事等，吸引用户关注。
【短视频平台引流】
平台选择：抖音、快手。
内容创作：拍摄系列短视频，每条短视频聚焦于一个具体的办公技能点，如 Word 快捷键使用、Excel 数据透视表制作、PPT 动画设计等。短视频应风格简洁明快，内容易于理解。使用图表、　动画等元素使短视频更生动，优化观看体验。
社群推广：在每条短视频的结尾处宣传社群，引导用户加入社群。
评论互动：积极回应用户的评论，解答疑问，鼓励他们加入社群。

图 3–39　社群引流策划

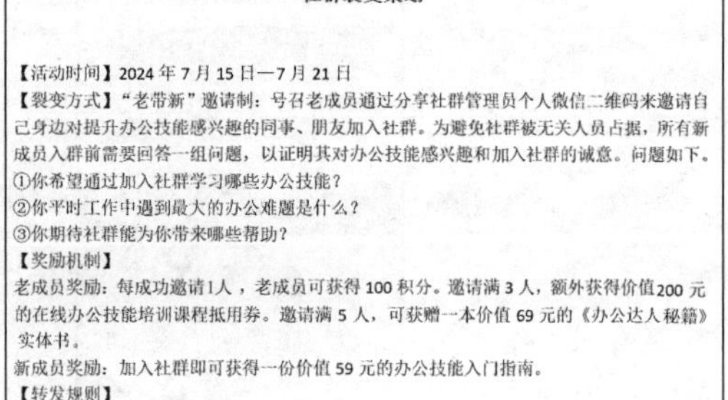

社群裂变策划

【活动时间】2024 年 7 月 15 日—7 月 21 日
【裂变方式】“老带新”邀请制：号召老成员通过分享社群管理员个人微信二维码来邀请自己身边对提升办公技能感兴趣的同事、朋友加入社群。为避免社群被无关人员占据，所有新成员入群前需要回答一组问题，以证明其对办公技能感兴趣和加入社群的诚意。问题如下。
①你希望通过加入社群学习哪些办公技能？
②你平时工作中遇到最大的办公难题是什么？
③你期待社群能为你带来哪些帮助？
【奖励机制】
老成员奖励：每成功邀请1人，老成员可获得 100 积分。邀请满 3 人，额外获得价值200 元的在线办公技能培训课程抵用券。邀请满 5 人，可获赠一本价值 69 元的《办公达人秘籍》实体书。
新成员奖励：加入社群即可获得一份价值 59 元的办公技能入门指南。
【转发规则】
转发渠道：微信、微博等社交平台。
转发内容：使用社群官方提供的文案和海报，保持社群形象的一致性。

图 3–40　社群裂变策划

巩固提高

1. 在微博进行社群引流时，可以采取哪些具体方法？

2. 微信个人号在社群引流中可以发挥哪些作用？

3. 如何利用微信公众号实现社群引流？

4. 线下引流的常见方法有哪些？

5. 社群裂变需要满足哪些条件？

6. 社群裂变的方式有哪些？

7. 社群裂变活动中，如何选择种子成员？

8. 社群裂变陷阱有哪些？应如何应对？

9. "创艺手作工坊"是一个专注于手工艺术创作与分享的社群，旨在汇聚手工艺爱好者，提供一个交流技艺、分享灵感的平台。该社群与手工艺品网店有合作，平时会将精美的小手工艺品作为奖励发放给成员。

① 请在微博上搜索与该社群主题相关的热门话题，带话题发微博宣传该社群，并在评论区与用户互动，引导用户加群。

② 使用微信个人号在朋友圈宣传"创艺手作工坊"社群，并通过私信邀请为该朋友圈点赞、评论的好友加群。

③ 为"创艺手作工坊"社群策划一场裂变活动，要求选择合适的裂变方式，设计裂变活动的规则（包括奖励机制、邀请规则、转发规则）。

社群促活

学习目标

【知识目标】

1. 掌握打卡促活的相关知识。
2. 掌握内容促活的相关知识。
3. 掌握福利促活的相关知识。

【技能目标】

1. 能够策划并实施社群打卡活动，激励社群成员积极打卡。
2. 能够策划社群日报、社群分享与讨论活动，通过为社群提供优质内容，提升社群活跃度。
3. 能够通过构建积分体系、发放红包、开展抽奖活动来提升社群活跃度。

【素养目标】

1. 将社群促活与营造积极向上的社群氛围、传递正面价值结合起来。
2. 发放社群促活的福利、奖励时，保证公平、公正、公开。

项目导读

社群促活是指采取一系列策略和措施，提高社群成员的活跃度和参与度，使社群保持活力和发展。在活跃度高的社群中，各种交流互动频繁，容易产出高质量的内容，社群成员间联系紧密，能够展现出互帮互助、健康、积极向上的氛围。这种社群一般有更高的黏性和忠诚度，社群成员的付费意愿更强，社群的价值也更大。

"库优健身联盟"社群经过前段时间的扩张，目前已积累了一定数量的成员，但社群的活跃度还不高，一部分成员长期"潜水"（即不主动发言，只是默默地阅读别人的消息）、不关注群公告、不参与聊天，甚至小张发布面向所有人的通知时，回应者也不多。因此老李安排小张立即开展社群促活，希望通过一系列有效的促活措施提升社群的活跃度。

引导案例

屈臣氏粉丝社群的促活策略

屈臣氏是知名的美妆和个人护理品牌，其单个粉丝社群人数通常维持在 200 人左右，定位是泛用户群与福利群，旨在覆盖广泛的消费群体。屈臣氏粉丝社群在社群促活方面的亮点在于固定的栏目活动，包括周四的"茶话会"和周五的"敢试日"。

屈臣氏粉丝社群每周四下午2点会举行"茶话会"。在"茶话会"开始前的几个小时，社群管理员会发布预告信息为活动预热，并告知社群成员即将开始的"茶话会"的主题和大致流程。每一期"茶话会"都有一个特定的主题，如"夏日防晒秘诀""敏感肌护理指南"等，通常围绕美妆和个人护理的热门话题展开。社群成员被鼓励分享自身的经验和见解，以及提出或回答相关问题，社群管理员会适时引导对话，确保讨论的流畅性和深度。在话题讨论达到一定热度后，社群管理员会自然地引入屈臣氏的相应产品，强调它们如何满足讨论中的需求，实现软性推广。

此外，屈臣氏粉丝社群还规定每周五是"敢试日"。周五上午，社群管理员会提前为活动预热，简述活动规则和奖励。活动中会开展简单有趣的游戏，如"猜成分赢大奖"，社群成员需根据提示猜测产品的成分，答对者获得积分或奖品。游戏结束后，获奖者有机会获得产品试用装，体验后需在社群内分享心得，形成"种草"效应。

点评：屈臣氏固定的栏目活动强化了社群内的互动氛围，通过话题讨论和产品分享，减轻了社群的营销感，让社群成员在轻松的环境中交流心得，增强社群黏性。

任务一 打卡促活

 任务描述

老李告诉小张，打卡活动是十分常见、有效的提升社群活跃度的方法，随即安排小张在"库优健身联盟"社群中开展打卡活动。任务单如表4-1所示。合理制定打卡主题策略，可提升成员的打卡积极性，最终提升社群活跃度。

表4-1   任务单

任务名称	打卡促活	
任务背景	"库优健身联盟"社群成员主动运动的积极性不高，而打卡活动可以帮助社群成员督促自身养成良好的运动习惯，因此小张认为打卡活动能有效激发社群成员的参与积极性	
任务类别	■ 打卡促活　□ 内容促活　□ 福利促活	
工作任务		
任务内容	任务说明	
任务演练1：设计社群打卡活动	依次确定打卡主题、内容、频率、方式、激励机制和惩罚	
任务演练2：通过打卡工具创建打卡活动	使用"群打卡"小程序创建	
任务演练3：监督并激励成员打卡	打卡提醒与监督、打卡统计、营造打卡氛围	

任务总结：

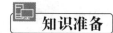知识准备

一、明确打卡规则与主题

在社群运营中，打卡通常是指社群成员按照一定的规则，在指定的时间范围内完成特定的任务或行为，并在社群中进行记录或分享的过程。打卡能促进社群成员持续参与活动和互动，提高社群的活跃度。打卡促活的重点是明确打卡规则与主题，从而确保打卡活动顺利进行。

（一）打卡规则

一个打卡活动，如果没有设置严谨的规则，很难顺利开展下去。为保证社群成员坚持打卡，主要可以从以下几个方面设置打卡规则。

（1）打卡要求。规定打卡的具体时间段（如早上 8 点至晚上 9 点）以及打卡频率（如"每日1 次"或"每周至少 3 次"）；明确每次打卡需要提交的内容，如文字、图片、视频或完成特定任务的证明。

> 🕐 **行业点拨**
>
> 在社群中开展打卡活动，要保证打卡操作简单易行，门槛低，因此打卡内容不应过于复杂，可以是简单的文字描述、拍照记录或一键打卡；打卡活动应能在手机上轻松完成，无须下载额外的应用；设置打卡时间段和频率时要考虑社群成员的空闲时间，既不过于宽松，导致缺乏挑战性，也不过于紧张，使社群成员感到压力过大。

（2）打卡监督。打卡监督是指社群运营人员统计、管理和监督社群打卡情况，并通过消息或通知发布打卡情况。这样一方面可以激励未打卡成员积极完成打卡，另一方面可以激励已打卡成员持续打卡。

（3）打卡激励。为持续打卡、表现优秀的成员设置特殊的奖励，奖励可以是多种形式的，如物质、精神等，也可以根据打卡成员的个性、特色、职业等为其设置专门的奖励，满足其个性化需求，提高社群成员的打卡积极性。图 4-1 所示为某社群公布完成打卡的成员名单，并为这些成员发放奖励——抽奖机会。

图 4-1　某社群公布完成打卡的成员名单并发放奖励

（4）打卡惩罚。为了督促社群成员坚持打卡，社群运营人员可以制定打卡惩罚规则。打卡惩罚可以按照打卡的不同情况来设定，比如：首次未打卡予以警告、提醒；超过 5 次未打卡，可以设定具体的惩罚措施，如扣除积分、取消社群福利；连续一周不打卡的成员直接淘汰。

图 4-2 所示为某社群打卡活动的规则。

图 4-2　某社群打卡活动的规则

（二）打卡主题

打卡的主题多种多样，社群运营人员需要根据社群定位、社群成员的需求策划参与度高的打卡主题。常见的打卡主题如表 4-2 所示。

表 4-2　　　　　　　　　　　　常见的打卡主题

类别	打卡主题	打卡内容
健康生活类	健身打卡	记录每日运动量（见图 4-3）
	饮食打卡	分享健康饮食，记录三餐情况或特定饮食计划
	睡眠打卡	记录每天睡眠时间和质量，提倡良好作息习惯
学习成长类	阅读打卡	每日或每周分享读书笔记或推荐图书
	学习打卡	定期记录新技能的学习过程，如编程、外语（见图 4-4）、乐器等
	写作打卡	每日撰写短文、日记或诗歌，提升写作能力
创意艺术类	摄影打卡	分享每日拍摄的照片，探索不同的摄影技巧和主题
	手工艺术打卡	定期展示手工制作过程和成品，如绘画、雕塑、编织作品等
	创意挑战打卡	每天尝试新的创意项目或解决方法
情感与思考类	感恩日记打卡	记录每天值得感谢的人或事，培养积极心态
	思考打卡	分享每日感悟、哲学思考或人生观察
	正能量传播打卡	每天分享励志故事、名言警句或正面新闻
职业发展类	工作日志打卡	记录每天工作中的感想、成就和反思
	专业技能打卡	每天分享行业知识、典型案例

图 4-3　运动健身打卡　　　　　图 4-4　英语朗读打卡

素养课堂

　　打卡活动不仅是一个有效的社群促活手段，还可以与建设美好社群、传递正面价值结合起来。社群运营人员可以选择正能量的打卡主题，设定积极向上的打卡目标，激发社群成员的内在动力，不断推动其实现自我超越，促使社群成员养成良好的生活工作习惯。

二、营造打卡氛围

　　营造积极、活跃的社群打卡氛围对于提升成员的参与度和社群整体的凝聚力至关重要。营造社群打卡氛围可以从以下方面入手。

　　（1）树立榜样。识别并表扬那些在打卡活动中表现突出的成员，将他们树立为榜样。例如，每期打卡活动结束后，评选出表现优异的社群成员，邀请他们以导师身份参与下一期的打卡活动，带头示范打卡，成为其他社群成员的榜样。

　　（2）竞争激励。创建打卡排行榜（见图 4-5），展示社群成员的打卡成绩，激发社群成员间的良性竞争。另外，还可以组织团队间的打卡竞赛，鼓励社群成员相互支持，共同进步。

　　（3）情感共鸣。定期举办分享会，让社群成员分享自身的打卡故事，包括挑战、收获和感悟，通过真实的故事引发社群成员的情感共鸣。

　　（4）信心培养。鼓励社群成员设定可达成的小目标，每完成一个小目标就给予自己肯定，从而逐步建立自信；对社群成员的每一次打卡给予正面反馈，也可以鼓励社群成员在打卡后互相点评，不论完成与否，更注重过程中的进步和努力，通过积极反馈增强成员的自信。

（5）文化塑造。确立社群的共同价值观和目标，如健康生活、个人成长等，让打卡成为体现这些价值观和目标的一种行为（见图4-6）；创建一些打卡相关的仪式，如每月一次的"打卡冠军"庆祝活动，增强社群成员的归属感和认同感。

图4-5　打卡排行榜

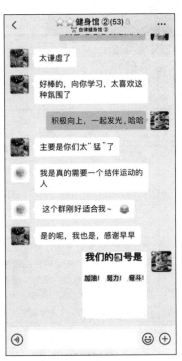

图4-6　打卡文化塑造

任务实施

任务演练1：设计社群打卡活动

【任务目标】

为"库优健身联盟"社群设计打卡活动，以有效提升社群活跃度。

【任务要求】

本次任务的具体要求如表4-3所示。

表4-3　　　　　　　　　　　　　　　　任务要求

任务编号	任务名称	任务指导
（1）	确定打卡主题	根据社群定位、社群成员需求来确定
（2）	确定打卡内容、频率	结合打卡主题，并考虑打卡操作、统计、交流的便利性
（3）	确定打卡方式	考虑社群成员的打卡偏好以及打卡效果
（4）	设置激励机制	要具有物质和精神两个方面的激励效果
（5）	确定打卡惩罚	惩罚制度不能过于严苛，也不能过于放松

【操作过程】

小张从社群定位、社群成员特点及需求，以及打卡促活的目的出发，设计了一个打卡活动，如表4-4所示。

表4-4 打卡活动

项目	具体设置	理由
打卡主题	30天（4月1日—4月30日）运动挑战	社群定位是运动健身社群，社群成员普遍设定了运动目标，需要在一定时间内通过打卡来督促自己坚持，以完成目标
打卡内容	运动记录	运动记录简单易操作，易于社群管理者和社群成员追踪进度，以及社群成员间的交流和学习
打卡频率	每日（全天都可）打卡一次	每日打卡能够帮助社群成员培养运动习惯，也能提高社群活跃度
打卡方式	在"群打卡"小程序中打卡。打卡形式：文字记录（描述运动类型和时长/数量）+图片记录（运动实拍、App数据界面截图）	① 打卡方式应考虑操作便利性以及统计便利性 ② 运动实拍和App数据界面截图直观，可以减少虚假打卡的可能性
激励机制	累计完成25天打卡的社群成员，可获得一份"健身礼包"，内含库优品牌健身用品，如运动水杯、瑜伽垫、跳绳、健身手套等；还可获得"健身达人"荣誉称号，并在社群中以群公告的形式公开表彰	打卡激励不必太复杂，只需设置一种物质奖励和一种精神奖励即可
打卡惩罚	连续2天未打卡者将被警告，累计缺席打卡超过5天者将被直接淘汰	30天的挑战周期中，允许一定范围内的缺席，保证劳逸结合，但不能超过限度，否则会导致懈怠，进而偏离运动目标

任务演练2：通过打卡工具创建打卡活动

【任务目标】

在"群打卡"小程序中创建打卡活动，便于后续打卡以及统计打卡结果。

【任务要求】

本次任务要求在"群打卡"小程序中创建打卡活动，并设置打卡的详细信息，包括打卡标题、打卡描述（介绍打卡规则）、打卡时间、打卡填写信息等。

微课视频

创建打卡活动

【操作过程】

（1）进入打卡平台。在微信主界面的搜索栏中搜索"群打卡"，然后在打开的界面中点击"小程序"选项，选择"群打卡"小程序选项，进入该小程序并登录。

（2）创建打卡活动。在小程序主界面中点击"创建打卡"按钮，如图4-7所示，在打开的界面中点击"每日打卡"按钮。

（3）设置打卡活动标题、描述和日期。在打开的"群打卡"界面中输入打卡活动标题"30天运动挑战"，在"描述"栏中输入打卡活动规则，设置开始日期为"2024-04-01"，结束日期为"2024-04-30"，如图4-8所示。

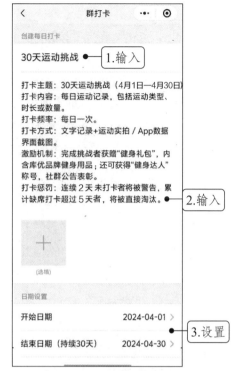

图 4-7　创建打卡活动　　　　　图 4-8　设置打卡活动标题、描述和日期

（4）设置字段。在"信息设置"栏中可以看到"姓名"字段已默认为必填项，点击该字段对应的按钮，在打开的列表中点击"不作为填写项"选项，如图 4-9 所示。点击"图片"字段对应的按钮，在打开的列表中点击"作为必填项"选项。

（5）添加字段。点击"添加其他字段"按钮，在打开的界面中的"字段名称"栏中输入"群昵称"，点击"保存"按钮，如图 4-10 所示。使用相同的方法添加字段"运动类型+运动量"。

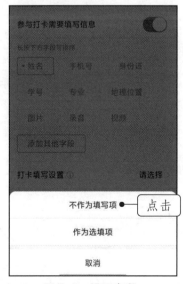

图 4-9　设置字段　　　　　　　图 4-10　设置字段名称

（6）完成设置。点击"打卡填写设置"栏对应的"请选择"按钮，在打开的界面中点击"每次都填写"选项，点击"确定"按钮。返回"群打卡"界面，点击"高级设置"栏中的"允许成员修改/删除自己的打卡记录"按钮，使其变为关闭状态，最后点击下方的"确定"按钮，如图 4-11 所示，在打开的提示界面中点击"确定"按钮即可创建打卡活动。

（7）分享打卡活动。在打开的界面中可以查看创建的打卡活动的详情，点击右上角的"分享"按钮，在打开的界面中点击"分享"按钮，如图 4-12 所示。在打开的界面中点击"库优健身联盟"选项，点击"发送"按钮，将该打卡活动分享到社群中。

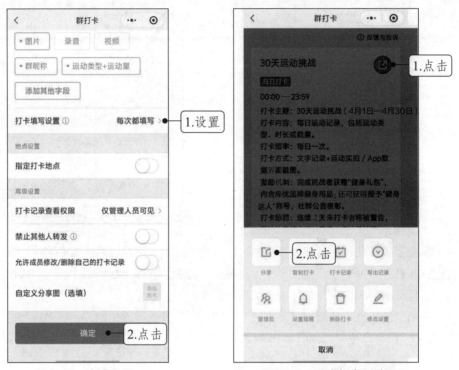

图 4-11 完成设置   图 4-12 分享打卡活动

技能练习

请为 CPA 备考社群设计一个打卡活动，明确打卡活动的主题、规则，制定营造打卡氛围的策略，并在"群打卡"小程序中创建打卡活动。

任务演练 3：监督并激励成员打卡

【任务目标】
监督并激励社群成员打卡，提升社群成员的打卡积极性。

【任务要求】
本次任务的具体要求如表 4-5 所示。

表 4-5　　　　　　　　　　　　　　　　任务要求

任务编号	任务名称	任务指导
（1）	打卡提醒与监督	引导社群成员在"群打卡"小程序中设置打卡提醒；安排人员检查打卡情况并提醒未打者
（2）	打卡统计	在"群打卡"小程序中导出打卡数据
（3）	营造打卡氛围	打卡评选、打卡排名、打卡文化

【操作过程】

1. 打卡提醒与监督

为避免社群成员忘记打卡或懈怠，小张采取以下措施进行打卡提醒与监督。

（1）引导社群成员设置打卡提醒。"群打卡"小程序提供打卡提醒功能，需要参与打卡的社群成员可自行设置。其方法为：点击分享到社群中的小程序链接，进入打卡活动主界面，点击左下角的"打卡管理"按钮，在打开的界面中点击"设置提醒"按钮，如图 4-13 所示。在打开的"提醒设置"界面中点击"点击关注"按钮，在打开的界面中点击左下角的"关注"按钮，关注"群打卡"微信公众号。返回"提醒设置"界面，点击"开启定时提醒"按钮，设置提醒时间，然后点击"保存"按钮，如图 4-14 所示。

图 4-13　点击"设置提醒"按钮　　　　图 4-14　设置提醒

（2）人工监督。指派人员每日检查打卡情况，对于连续两天未打卡的社群成员，通过私信进行友好提醒。

2. 打卡统计

为直观反映社群成员的打卡情况，小张会于每周一在"群打卡"小程序后台导出打卡数据，整理出上周社群成员的打卡数据，并在社群中公布。导出打卡数据的具体步骤如下。

（1）导出记录。进入打卡活动主界面，点击左下角的"打卡管理"按钮，在打开的界面中点击"导出记录"按钮，在打开的界面中点击"导出表格（图片可直接显示）"选项，如图 4-15 所示。

（2）设置导出时间范围。在打开的"导出表格（带图片）"界面中设置导出数据对应的时间范围，然后点击"确定导出"按钮，如图 4-16 所示。

图 4-15　导出表格　　　　　　图 4-16　设置时间范围

（3）下载打卡数据文件。在打开的界面中点击"复制下载地址"按钮，在计算机中的浏览器地址栏粘贴所复制的地址，按【Enter】键，在打开的浏览器页面中单击"下载文件"按钮，如图 4-17 所示，将打卡数据文件下载到计算机中。

图 4-17　下载打卡数据文件

3. 营造打卡氛围

小张针对打卡活动进行打卡评选、打卡排名，并建立打卡文化，以营造浓厚的打卡氛围。

（1）评选"本周健身之星"。根据每周打卡统计结果，评选出打卡最积极、运动量最大的社群成员，授予其"本周健身之星"称号，并在社群中公开表扬，号召大家向其学习。

（2）设置打卡排行榜。统计累计打卡天数最多的 10 个社群成员，在社群中发布排行榜，并定期更新，以激发社群成员的竞争心理。

（3）创造打卡文化。引导社群成员在小程序中打卡后，将自己的打卡结果截图发布到社群中，并附上口号"一起打卡，一起成长！"，以打造集体参与的归属感。同时引导其他社群成员进行正面反馈，反馈方式包括点赞、鼓励、聊天互动等。

任务二　内容促活

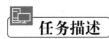 **任务描述**

打卡活动反响不错，社群活跃度有了明显提升。接下来，老李安排小张系统性地开展内容促活，主动提供或让社群成员产出有价值的内容，提高社群成员的活跃度。任务单如表 4-6 所示。

表 4-6　　　　　　　　　　　　　　　　任务单

任务名称	内容促活	
任务背景	在打卡过程中，小张发现很多社群成员虽然坚持运动，但运动方式不系统、不科学，社群成员之间关于运动的交流也十分碎片化、表面化，因此他打算为社群成员提供专业、系统的运动知识，并组织有深度的讨论，最后将有价值的内容作为社群公共资源上传到云中共享	
任务类别	☐ 打卡促活　■ 内容促活　☐ 福利促活	
工作任务		
任务内容	**任务说明**	
任务演练 1：策划社群日报	掌握社群成员需求、规划内容栏目、确定发布的频率和时间、确定内容来源	
任务演练 2：策划社群分享与讨论活动	确定主题，确定分享与讨论活动的内容、形式、平台，成立管理组，确定相关流程和规则	
任务演练 3：使用 AI 工具整理群聊精华内容	【操作工具】通义	
任务演练 4：将群聊精华内容上传至文档协作平台	【操作工具】金山文档	

任务总结：

 **知识准备**

一、社群日报

社群日报是一种定期（通常是每日）向社群成员发布的汇总性质的内容，旨在保持社群的活跃度，增进社群成员间的交流，以及传达社群的最新信息和动态。社群日报可以包含多种类型的信息和活动，具体取决于社群的性质和目标。

（一）社群日报的内容

社群日报的内容应当吸引人且具有一定的信息价值，这样才能吸引社群成员的关注。具体来说，社群日报可以包含以下几个方面的内容。

（1）社群新闻。社群新闻包括社群内近期发生的重要事件（见图 4-18）、活动预告（如即将举行的聚会的时间、地点、主题和参与方式）、重要通知（如社群规则的更新、社群管理层或核心团队的变化）或成员成就（成员在社群中取得的成就，如完成挑战、赢得比赛或达成目标）。

（2）干货知识。干货知识是与社群主题相关的文章、教程、行业资讯或专业知识，旨在帮助社群成员学习和成长。例如，创意写作社群分享小说创作、剧本编写或诗歌写作的技巧，金融社群分享行业专家对市场趋势的独到分析等。

（3）成员动态。分享社群成员的个人新动态、项目进展或成功案例，增进社群成员之间的相互了解和联系。

（4）群聊精华内容。从群聊中筛选、整理有价值的内容，包括对话片段、观点分享、资源链接、问题解答等。

（5）问候关怀。问候关怀包括每日问候、节日提醒、生日祝福或生活小贴士等（见图 4-19）。

（6）社群官方广告。通过展示福利的形式植入社群官方广告，如产品购买优惠等，吸引社群成员关注。

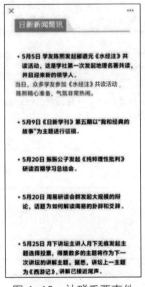

图 4-18　社群重要事件

图 4-19　问候关怀

（二）社群日报的策划与制作

社群日报的策划与制作是一个细致的过程，其核心宗旨是为社群成员提供有价值的信息、提高社群活跃度，并促进社群成员之间的互动。社群运营人员可以按照以下步骤来策划与制作社群日报。

（1）掌握社群成员需求。理解社群成员的需求、兴趣和偏好，以便更精准地创作内容，确保社群日报能够真正满足社群成员的需要，从而达到社群促活的目的。例如，某职场交流社群主要由年轻的专业人士组成，该社群的运营人员分析认为社群成员对职业发展、行业动态和个人成长的内容感兴趣。

（2）规划内容栏目。社群日报的栏目可以包括每日固定栏目（如天气预报、名言警句）、周期性栏目（如周总结、月度"明星"成员）、动态栏目。动态栏目可以是新闻、活动预告、干货知识等，也可以围绕节日、纪念日或社群特定事件，提前规划特别内容，增加新鲜感。

（3）确定内容的来源。社群日报的内容可以来源于内部创作、社群成员投稿或第三方资源。

① 内部创作。设立专门的内容创作团队，负责撰写文章、设计图片或制作视频，确保内容的专业性和质量。

② 社群成员投稿。鼓励社群成员提交自己的作品，增强社群成员的参与感；设立固定的主题征稿活动，如每月一次的"我的故事"或"技巧分享"，激发成员的创造力和分享意愿。

③ 第三方资源。与外部作者、博主或媒体建立合作关系，转载高质量的相关内容，丰富社群日报的多样性；合法使用公开可用的资料，如引用研究报告等，但需注意版权。

（4）确定内容发布的频率。活跃度高、内容需求大的社群可以每日发布社群日报，但这需要稳定的内容产出能力和高效的编辑流程。内容需求适中、希望提供综合性回顾内容的社群可以每周固定时间发布社群周报，便于社群成员集中用一整块时间阅读和消化信息。

（5）内容创作与编辑。根据规划的内容，撰写原创文章或搜集相关资讯。写作时要根据社群的文化和社群成员偏好，调整语言风格。写作完成后应进行校对，确保内容的准确性。

（6）视觉设计。选择统一的视觉元素，如色彩、字体和布局，以提高社群日报的辨识度；设计易于重复使用的社群日报模板，确保高效制作社群日报，同时保持社群日报风格的一致性；必要时可以利用图片、图表、视频等多媒体元素增加社群日报的吸引力。

（7）发布与反馈。根据社群成员的活跃时间，选择最佳发布时间，如工作日的早晨、午休时间或晚上闲暇时段，以提高阅读率和互动度。同时，鼓励社群成员提供反馈，了解他们对内容的偏好和改进建议。

二、社群分享

社群分享是指分享者向社群成员分享一些有价值的信息、经验或知识，能够让社群成员感受到社群提供的价值，增加他们对社群的关注。此外，社群分享活动往往伴随着提问、讨论和反馈环节，这有利于促进社群成员之间的互动。社群成员在分享过程中提出问题、发表观点、交换意见，能够形成活跃的交流氛围，有助于提升社群活跃度。

一般来说，要开展社群分享活动，社群运营人员需要做好以下工作。

（1）确定分享者。一方面，可以邀请外部嘉宾（如行业专家或达人）分享，提升社群分享活动的关注度，但需要社群运营人员拥有相关的人际资源。另一方面，还可以安排内部具有较高专业水平或独特经验的社群成员进行分享，以促进社群内部交流，增强成员之间的联系。例如，秋叶 PPT 社群的个人品牌 IP 营就由内部成员担任分享者。

（2）确定分享内容。为保证分享质量，在开展社群分享活动前，社群运营人员应该精心挑选内容或征集话题，确保分享能激发社群成员的兴趣。同时要尽早联系分享者，以便分享者准备高质量的分享材料。对于首次分享的嘉宾，社群运营人员需预先审核分享内容，确保其价值。

（3）提前通知。在社群分享活动开始前，社群运营人员应该在社群内反复通知分享活动信息

（见图 4-20），包括时间、主题等，以保证有较多的社群成员参与。

（4）暖场和控场。社群分享活动开场时需要由主持人进行暖场，同时介绍分享内容和分享嘉宾，引导社群成员提前做好倾听准备。为了维护分享活动的秩序，在分享活动开始之前，社群运营人员应该制定相关的分享规则，约束社群成员的行为，如分享期间禁止闲聊等（见图 4-21）。在分享过程中，如果出现干扰嘉宾分享、聊天话题与分享话题不符等情况时，控场人员应该及时处理，维护活动秩序。

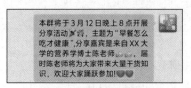

图 4-20　提前通知　　　　　　图 4-21　暖场和控场

（5）互动。在互动环节，主持人应该积极引导社群成员回应，或者提前安排活跃气氛的人，避免冷场。为提高社群成员的互动积极性，还可以提供一些互动奖励。

（6）总结。分享结束后，主持人应感谢分享者和参与的社群成员，总结分享要点，还可以发布活动回顾内容，包括精彩片段、问答摘要等，便于未参加分享活动的社群成员了解分享内容，同时加深已参与分享活动的社群成员对分享内容的印象。

三、社群讨论

社群讨论是发动社群成员共同参与讨论的一种活动形式，通过鼓励社群成员表达自己的观点和想法，提高社群成员的参与度，进而提升社群活跃度。社群运营人员可以挑选一个有价值的主题，让社群成员积极参与讨论，通过交流输出高质量的内容。

（1）建立管理组。社群讨论属于自由发言，有可能出现冷场、吵架、跑题等情况，因此有必要建立一个管理组，以维持讨论秩序。管理组主要由以下角色组成。

① 主持人。主持人负责引导讨论方向，确保讨论按照预定主题进行，避免跑题；控制讨论节奏，给予每个参与者公平的发言机会；在讨论陷入僵局时，引入新观点或问题，激发讨论热情。主持人应具备良好的沟通协调能力、公正客观的态度，以及对讨论主题的深入理解。

② 种子成员。种子成员是预先安排的讨论活跃分子，需要在讨论中率先分享观点、提问或提供信息，为其他成员树立正确参与的模范，鼓励其他成员效仿。讨论偏移主题或陷入僵局时，种子成员应该帮助主持人重新聚焦话题、推动讨论向前发展；在讨论冷场时，种子成员可以迎合主持人的引导，主动分享相关的观点或故事，激发其他社群成员的发言积极性；在其他社群成员发言后，种子成员要率先予以回应，如提问、点赞等，帮助营造积极的讨论氛围。

③ 监督协调员。监督协调员负责监督讨论内容、处理不当言论、调解冲突和维持秩序。监督协调员应具备一定的冲突解决能力和组织协调能力。

（2）设计讨论话题。讨论话题不宜过于宏大或复杂，应选择简单、直接且易于引发讨论的话题，如询问社群成员对近期热门电影的看法，包括最喜欢的演员、场景或人物。话题设计应围绕社群成员的兴趣点展开，并与社群定位契合，如科技爱好者社群的讨论话题是"你认为未来 5 年最有可能取得突破的技术是什么"。此外，还可以结合当前社会事件或即将到来的节日设计话题，如春节期间讨论买的年货，以增加话题的时效性和趣味性。

（3）组织讨论。讨论活动一般依照预先设计好的流程开展，流程包括开场白、讨论、过程控制、其他互动和结尾等。需要注意，与社群分享活动一样，当讨论过程中出现讨论重点偏离主题，甚至与主题无关的内容时，控场人员要及时处理。

（4）讨论后的总结。讨论结束后需整理并记录本次讨论的亮点、成员发言概览和其他有价值的见解。最好创建一份规范的总结文档（包括讨论主题、主持人、时间、主要内容等），如图 4-22 所示，并上传到文档协作平台（如金山文档、腾讯文档），便于社群成员日后随时查阅。

标题：社群讨论第 7 期——如何高效利用上下班通勤时间
讨论主持人：李晓
讨论时间：2024 年 5 月 10 日 19:00—20:00
【讨论内容】
开场与主题引入
李晓简述了通勤时间对现代都市人的重要性，指出这段时间可以被充分利用起来，提高生活质量。
个人经验分享
林林分享了他在地铁上听有声书的习惯，推荐了几本对职业发展有帮助的书。
小优讲述了她如何在公交车上用 App 学习新语言，每天坚持 15 分钟，几个月后已经能进行基础对话。
工具推荐
蓝色天空介绍了几款适合通勤途中使用的 App，包括喜马拉雅 FM、小宇宙和百词斩等。
飞飞建议使用通勤时间进行冥想，推荐了一款冥想指导 App，帮助缓解工作压力。
应对通勤挑战
林林提到了在拥挤的车厢中保持专注的挑战，建议使用降噪耳机，创造一个安静的个人空间。
张伟分享了他的经验，即在通勤前准备好当天的学习材料，确保充分利用每一分钟。
收尾与总结
李晓感谢所有参与者的宝贵分享，强调了通勤时间管理的重要性。
同时确定下一次讨论的主题为"如何在忙碌的工作日中保持健康饮食"。

图 4-22　讨论总结

任务实施

任务演练 1：策划社群日报

【任务目标】

为"库优健身联盟"策划社群日报，以便后续制作出对社群成员有吸引力的社群日报。

【任务要求】

本次任务的具体要求如表 4-7 所示。

表 4-7　　　　　　　　　　　　　　　　任务要求

任务编号	任务名称	任务指导
（1）	掌握社群成员需求	收集社群成员对运动健身方面内容的需求和偏好
（2）	规划内容栏目	包括每日固定栏目、周期性栏目
（3）	确定发布的频率和时间	根据社群促活需求和社群成员空闲时间确定
（4）	确定内容来源	根据社群日报发布频率、社群内容创作能力确定

【操作过程】

（1）掌握社群成员需求。通过问卷调查、一对一访谈等方式收集社群成员对运动健身方面内容的需求和偏好。通过整理调研结果，小张发现，社群成员对于运动技巧、健身饮食指南、健身计划相关内容有较强烈的需求，并希望通过社群日报获得更多健身激励。

（2）规划内容栏目。根据社群成员的内容需求，小张规划了社群日报的每日固定栏目、周期性栏目（动态栏目不能提前规划，需要根据具体情况确定），如表 4-8 所示。

表 4-8 社群日报栏目

栏目类别	栏目名称	栏目内容	安排理由
每日固定栏目	每日健身小贴士	提供实用健身知识、技巧	有助于社群成员保持对健身的热情和动力，同时也让社群日报成为他们日常生活中不可或缺的一部分
	健康食谱分享	分享营养均衡、适合不同健身目标的食谱	定期分享健康食谱，可以引导社群成员重视饮食健康，将健身与健康饮食相结合，实现更全面的生活方式改善；满足差异化的饮食需求
	励志语录	关于自律与自我超越、坚持不懈与毅力、目标与梦想等内容的积极的语录	为社群成员提供精神上的慰藉和鼓励，在社群中营造一种积极向上、互相支持的氛围
周期性栏目	每周训练计划	提供专业的训练计划，帮助社群成员规划健身目标	周期性的指导能满足社群成员对结构化健身方案的需求，还能促进社群成员之间的经验分享和互助
	"每月社群之星"	评选每月在社群中表现活跃、健身积极的成员，邀请其讲述自己的故事	激发全体成员的竞争意识和自我提升的动力
	群聊精华内容	每周展示群聊中有价值的内容	便于社群成员快速了解一周群聊精华内容，避免错过

（3）确定发布的频率和时间。小张认为，每天定时发布社群日报有助于成员形成查看日报的习惯，进而促使社群成员定期查看社群，有助于保持社群的活跃度，因此小张决定每天上午 8:30 发布社群日报，以便抓住社群成员通勤的空闲时间，提升社群日报的阅读率。

（4）确定内容来源。由于社群日报是每日发布的，制作的工作量较大，因此小张认为社群日报的内容来源应该多样化，包括内部创作、社群成员投稿、行业专家合作、公开资源整合。

① 内部创作。安排专人负责原创内容的生产，包括撰写健身技巧文章、设计健康食谱、编撰训练计划和撰写励志语录，保证内容的专业性和针对性，直接满足社群成员的需求。

② 社群成员投稿。鼓励社群成员投稿分享自身的健身故事、个人训练心得、原创食谱或健身挑战体验，收集真实、接地气的内容，提高社群成员的参与度。

③ 行业专家合作。与健身达人建立合作关系，获取其内容的转载权限，以提升社群日报内容的质量和权威性。

④ 公开资源整合。合法合理地利用公开的学术期刊、健身论坛、健康资讯网站等资源，整合与健身、营养、心理健康相关的最新研究、趋势分析和实用建议。在引用时确保遵守版权规定，标注来源，尊重原创。

任务演练 2：策划社群分享与讨论活动

【任务目标】

为"库优健身联盟"策划一场社群分享与讨论活动（以同一主题贯穿分享与讨论活动），以提升社群活跃度。

【任务要求】

本次任务的具体要求如表 4-9 所示。

表 4-9   任务要求

任务编号	任务名称	任务指导
（1）	确定主题	考虑社群成员的需求，选择能引起共鸣、有实用性的主题
（2）	确定分享与讨论活动的内容	根据主题细化分享与讨论活动的具体内容
（3）	确定分享与讨论活动的形式与平台	考虑社群促活目标、交流便利性等
（4）	成立管理组	主持人、种子成员、监督协调员
（5）	规划分享活动的流程	流程安排、时间安排
（6）	制定讨论活动的规则	从微信群交流中容易出现的问题切入

【操作过程】

（1）确定主题。小张通过观察和调查，发现很多社群成员在健身过程中都会面临心态调整和动力维持的问题，如动力下降、遇到训练瓶颈、自我怀疑等，因此，小张决定以"如何克服心理障碍，长期保持动力"为主题。该主题一方面能引起社群成员的强烈共鸣，促进广泛的参与和讨论；另一方面对于个人健身实践具有较强的实用性，很有吸引力。

（2）确定分享与讨论活动的内容。根据该主题，分享活动可以邀请健身达人分享其如何设定合理目标、如何处理健身过程中的挫败感、如何培养积极的心态等。在讨论活动中，社群成员可以分享自己在健身过程中遇到的心理挑战，如缺乏动力、焦虑、自我怀疑等，以及是如何应对这些挑战的。

（3）确定分享与讨论活动的形式与平台。小张认为，要真正达到社群促活的目标，分享与讨论活动不宜转战其他平台，应该直接在微信群中进行。微信群交流有文字和语音两种，文字相对更直观，便于回顾和整理，但输入速度慢，因此小张打算要求发言者使用微信语音输入功能，将语音转成文字信息发送。具体方法为：进入微信群，点击右下角的"+"按钮，再点击"语音输入"按钮（见图 4-23），在打开的界面中按住"话筒"按钮说话，待微信自动将语音转为文字后，检查转换结果，确认无误后点击"发送"按钮（见图 4-24）。

图 4-23 点击"语音输入"按钮

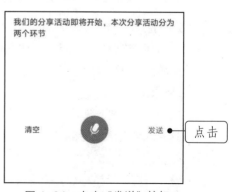

图 4-24 点击"发送"按钮

（4）成立管理组。小张根据本次活动的需求确定了管理组的人员构成，如表4-10所示。小张安排自己担任主持人，并从社群成员中筛选出3位符合条件的种子成员和1位监督协调员。

表 4-10 管理组人员构成

角色	人数	职责	要求
主持人	1	负责引导讨论方向，确保讨论按主题进行	擅长引导对话、了解健身领域
种子成员	3	率先分享自己的故事，激发其他社群成员的参与兴趣	表达能力强、在社群中较活跃
监督协调员	1	监控讨论过程，处理不当言论，确保讨论环境的和谐	公正且具备冲突解决能力

（5）规划分享活动的流程。小张首先明确了分享者的演讲时间为30分钟；问答环节的时间为15分钟，由社群成员举手提出问题，主持人根据先后顺序邀请社群成员发言，分享者进行现场解答。分享活动结束前，主持人将用2～3分钟时间简要总结分享要点，强调关键信息，并预告讨论活动，邀请社群成员准备分享自己的故事，自然过渡到下一个活动。

（6）制定讨论活动的规则。小张通过观察和调查，识别出微信群交流中可能存在的问题，如发言混乱、偏离主题、言语冲突等，为此小张设计了一系列规则（见图 4-25），涉及发言信号、发言秩序、发言结束信号等，旨在解决识别到的问题，以确保讨论活动有序进行。

1. 明确发言信号
举手示意：成员希望发言时，必须通过举手示意，使用腾讯会议软件的"举手"功能。
等待确认：成员举手后，需耐心等待主持人确认，不可自行发言，以避免声音重叠或混乱。
2. 主持人管理
点名发言：主持人根据举手顺序，逐一邀请成员发言，确保每个成员都有机会表达观点。
时间限制：每位成员发言应在5分钟以内。
3. 发言结束信号
成员在发言结束时应使用明确的结束语，如"我说完了，谢谢"，以清晰表明发言结束。主持人对此进行简单确认，然后邀请下一个成员发言。
4. 避免混乱的策略
静音非发言者：将非发言成员的麦克风设置为"静音"，避免背景噪声或意外打断。
讨论主题提示：监督协调员负责监控讨论进程，一旦发现偏离迹象，立即引导成员回到主题，确保讨论的针对性和有效性。
5. 培训与提醒
规则培训：在讨论开始前，主持人应简要介绍轮流发言的规则和流程，确保每个成员都清楚如何参与。
适时提醒：讨论过程中，主持人适时提醒成员遵守规则，如时间限制、尊重他人等，确保讨论的顺利进行。

图 4-25　讨论活动的规则

任务演练 3：使用 AI 工具整理群聊精华内容

【任务目标】

使用 AI 工具整理"库优健身联盟"社群聊天记录中的精华内容，以便分享给社群成员。

【任务要求】

本次任务要求整理"库优健身联盟"社群的聊天记录，然后上传到通义中，要求其提炼聊天记录的精华内容。

【操作过程】

（1）整理群聊记录。将社群分享与讨论的所有文本信息复制到一个文档中，确保格式统一，以便 AI 工具可以顺利读取和处理。

微课视频

使用 AI 工具整理
群聊精华内容

（2）上传文件。进入通义首页，将鼠标指针移到"上传"按钮处，在打开的列表中选择"上传文档"选项，如图 4-26 所示，在打开的对话框中选择需要整理的群聊记录文档（配套资源：\素材\项目四\社群分享与讨论记录.docx），单击"打开"按钮。

（3）输入要求。在对话框中输入整理群聊精华内容的要求，然后单击"发送"按钮，如图 4-27 所示。通义会根据该要求，自动阅读所上传文档的内容，提炼不同发言人的发言精华内容，结果如图 4-28 所示。

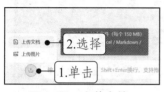

图 4-26 上传文档

图 4-27 输入要求

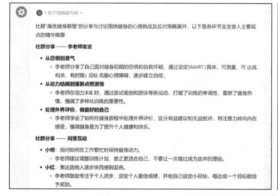

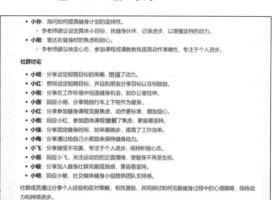

图 4-28 通义提炼的群聊精华内容

（4）将群聊精华内容整理成文件。复制通义提炼的群聊精华内容，新建一个 Word 文档并粘贴到其中，简单调整排版，将其中的小标题文字字体加粗、加大，保存文档。

任务演练 4：将群聊精华内容上传至文档协作平台

【任务目标】

在金山文档中上传并分享整理好的群聊精华内容，让社群成员可以随时在线访问群聊精华内容，增强社群成员对社群价值的认同感。

【任务要求】

本次任务要求在金山文档中为"库优健身联盟"社群创建云共享空间，上传群聊精华内容文档，并将其分享到社群中。

微课视频

上传并分享群聊精华

【操作过程】

（1）创建共享空间。进入金山文档企业版首页，单击"立即登录，免费使用"按钮，在打开的页面中登录，输入社群名称、姓名和手机号，单击"免费创建"按钮。

（2）上传群聊精华内容文档。进入金山文档"库优健身联盟"社群的共享空间，单击"新建"按钮，在打开的界面中将鼠标指针移到"上传"选项处，在打开的页面中选择"文件"选项，如

图 4-29 所示。在打开的对话框中选择群聊精华内容文档（配套资源：\素材\项目四\群聊精华内容文档.docx），单击"打开"按钮，将群聊精华内容文档上传到金山文档。

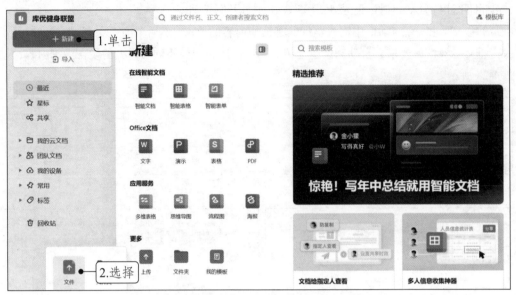

图 4-29　选择"文件"选项

（3）分享群聊精华内容文档。单击已上传文档对应的"分享"按钮，在打开的"分享"页面中单击"和他人一起查看/编辑"按钮，设置"链接权限"为"任何人""可查看"，如图 4-30 所示，选择"微信"选项，在打开的页面中使用微信扫描二维码，如图 4-31 所示。

图 4-30　设置分享权限　　　　图 4-31　用微信扫描二维码

（4）转发至微信群。在手机微信打开的界面中可以预览文档内容，点击"分享"按钮，在打开的界面中点击"转发给朋友"选项，如图 4-32 所示，分享给"库优健身联盟"社群。此时该微信群中将显示分享的文档，如图 4-33 所示。

图 4-32 转发给朋友

图 4-33 分享效果

任务三 福利促活

任务描述

老李提醒小张，发放福利能轻松地吸引社群成员的关注，是一种简单有效的促活方式，应该与打卡促活、内容促活搭配使用，于是小张决定在社群中开展福利促活。任务单如表 4-11 所示。

表 4-11   任务单

任务名称	福利促活	
任务背景	小张意识到，红包、抽奖这样的小福利能刺激社群成员的参与积极性，但要长期提升社群活跃度，还应该引入积分体系，让社群成员为了获得积分持续地为社群活跃度做贡献，因此他打算结合积分促活、红包促活和抽奖促活来开展福利促活	
任务类别	□ 打卡促活 □ 内容促活 ■ 福利促活	
工作任务		
任务内容	任务说明	
任务演练1：构建积分体系	制定积分获取规则，设定积分的兑换能力，设置积分有效期	
任务演练2：开展红包活动	策划红包活动，实际发放红包	
任务演练3：利用抽奖工具发起抽奖	使用"活动抽奖专业版"小程序	

任务总结：

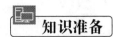

一、积分促活

在社群运营中，积分促活是一种常见的激励机制，其核心目的是通过引入积分系统来提升社群的活跃度和参与度。积分促活的基本逻辑是，社群成员通过完成社群内的各种活动和互动行为（如签到、发帖、评论、分享、邀请新成员等）获得积分，这些积分可以累积并在未来兑换各种奖励或特权。对于积分促活而言，关键是设计一个有效的积分体系，具体可以按照以下步骤展开。

（1）制定积分获取规则。制定积分获取规则时需要考虑以下几点。

① 需要激励的行为。首先需要识别出那些能够促进社群发展、提升社群活跃度的一系列积极行为，包括发言、参与活动、评论、购买产品、邀请新成员等。

② 积分分配。为需要激励的行为设定积分奖励，积分分配需要基于行为的重要性和对社群的贡献程度来确定。例如，某社群的积分分配情况如图 4-34 所示。

发言：每次发言可得 2 积分，高质量的精彩发言（被管理员选为精选发言）额外奖励 10 积分。
参与活动：参与一次社群活动可得 10 积分。
购买或消费：按消费金额的百分比给予积分，每消费 10 元可得 1 积分。
邀请新成员：每成功邀请一名新成员可得 50 积分，新成员完成首次消费后额外奖励 100 积分。

图 4-34　积分分配情况

③ 获取限制。为避免"刷分"行为，需要对积分的获取设定限制。积分获取限制可以是每日/每周/每月限制，如每天登录最多只能获取一次积分；也可以是总次数限制，如每月发帖只能获取 3 次积分。

④ 特殊活动。根据特定的时间点或特殊事件，如节假日、社群活动、周年庆等，设置额外的积分奖励。例如，某社群针对特殊活动的额外积分奖励如图 4-35 所示。

节假日：在国庆节、春节、端午节、中秋节购买社群产品可获得双倍积分。
社群活动：参与社群活动并购买社群产品可获得双倍积分。
周年庆：社群成立周年庆当天，登录、发帖、评论、分享、购买社群产品均可获得双倍积分。

图 4-35　针对特殊活动的额外积分奖励

（2）设定积分的兑换能力。积分的兑换能力即积分能够兑换什么类型的奖励，以及兑换这些奖励所需积分的数量。具体来说，设定积分的兑换能力需要考虑以下几个方面。

① 兑换比例。确定多少积分可以兑换特定的产品、服务或特权。例如，100 积分可以兑换一张价值 10 元的优惠券，500 积分可以兑换一次包邮服务。

② 积分价值。积分价值即积分本身所代表的货币价值或非货币价值。例如，1 积分相当于 0.01 元，或者 100 积分相当于 1% 的折扣。

③ 奖励种类。积分可以兑换的奖励类型，包括实物产品、虚拟产品（如电子书、音频）、服

务（如免费配送、VIP 客服服务）、特权（如会员等级提升、独家活动邀请）等。

> ⏰**行业点拨**
>
> 　　积分体系应该有足够的吸引力，让社群成员觉得通过参与活动赚取积分是值得的。同时，积分的兑换能力需要与社群成员的期望匹配，奖励种类也应该多样化，以满足不同社群成员的需求。另外，还应考虑企业的财务能力和预算，控制积分兑换成本。

　　（3）设置积分的有效期。设置积分的有效期可以促进社群成员及时使用积分，防止积分堆积，占用资源。有效期不能过长或过短，确保既能激励社群成员及时兑换，又不会让社群成员感到时间紧迫。在积分即将到期的前一个月或前几周，可以通过电子邮件、私信等方式提醒社群成员。

　　（4）创建积分兑换平台。积分兑换平台应展示所有可兑换奖励的具体信息，包括原价、兑换所需积分（见图 4-36），以及社群成员的个人积分信息，包括积分余额、积分变动明细（见图 4-37）等。如果涉及实物产品，需要管理库存，确保库存充足。

图 4-36　可兑换的奖励

图 4-37　积分变动明细

二、红包促活

　　红包提供一种即时的物质奖励，能够刺激社群成员关注社群，促使他们停留在社群中，进而有效提升社群的活跃度。

（一）红包的种类

　　红包的种类多种多样，灵活选用合适的红包种类，可以制造新鲜感，常见的红包种类如表 4-12 所示。

表 4-12   常见的红包种类

红包种类	形式	目的
任务红包	社群成员完成指定任务（如发布高质量帖子、参与讨论、分享社群链接等）后，可获得红包奖励	激励社群成员贡献内容和参与社群建设，提高社群内容质量和活跃度
节日红包	在特定节日或社群内有重要事件时发放红包	增强社群成员的归属感和社群的凝聚力，庆祝社群的成长和成就
晒单红包	社群成员购买产品并在社群中晒单即可获得红包奖励	激励社群成员晒单，加强口碑营销，刺激其他社群成员购买
邀请红包	当社群成员成功邀请新成员加入社群时，该社群成员和新成员均可能获得红包奖励	鼓励现有社群成员邀请朋友加入，扩大社群规模
抽奖红包	领取到最大金额红包的成员可以获得额外的奖励（见图 4-38）	激励社群成员积极参与社群互动，增强社群互动的刺激性
问答红包	提出问题，第一个回答正确的社群成员获得红包奖励	鼓励知识分享和学习，增强社群的教育价值和成员间的互动
定时红包	在限定时间内发放红包，错过时间则无法领取	促使社群成员在特定时间段保持在线状态，提高社群在特定时间段的活跃度
通知红包	在群内发布重要通知时附上红包（见图 4-39）	迅速吸引社群成员的注意，促使社群成员关注通知内容
接龙红包	特定社群成员发出红包，领取到最大金额红包的社群成员继续发出下一个红包，形成接龙	鼓励社群成员之间交流和互动，通过红包的随机性和接龙的不确定性增添趣味

图 4-38　抽奖红包

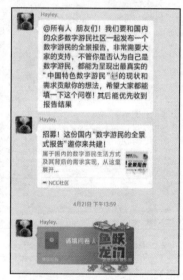

图 4-39　通知红包

（二）发放红包的注意事项

发放红包看似简单，但如果处理不好，不仅会耗费经费，还可能使社群沦为红包群，无法起到活跃社群的作用，甚至引发矛盾。发放红包时应注意以下几个方面的问题。

（1）预算控制。发放红包需要有明确的预算限制，以免发放红包成本过高。

（2）把握发放频率和时机。发放红包不宜过于频繁，否则可能降低其吸引力。同时应选择恰当的时机发放红包，如节假日、社群重要事件或特定的活动期间。

（3）说明规则。在发放红包前，应清晰地向社群成员说明红包活动的规则和参与方式，避免因规则不明导致混乱或误解。

（4）与内容结合。发放红包不应仅停留于物质刺激的层面，应结合社群文化和内容，让红包成为社群活动的一部分，增加活动的意义，提高活动的参与度。

三、抽奖促活

在社群中开展抽奖活动可以极大地激发社群成员的兴趣和参与意愿，提高社群成员的参与度和活跃度。在社群中开展抽奖活动时，具体应做好以下几点。

（1）确定奖品。选择与社群主题和社群成员兴趣相符的奖品，确保奖品对社群成员有足够的吸引力。例如，美食爱好者社群的奖品可以是厨具、餐厅用餐券；旅行社群的奖品可以是行李箱、旅行包、酒店住宿券等。

（2）制定活动规则。设计参与条件，包括参与者身份、应完成的特定任务（如点赞、转发指定内容）等；确定参与成本，如花费积分、支付小额现金等；设定抽奖时间，如即刻开奖或特定时间开奖；规划奖品领取流程，包括如何通知获奖者、奖品发放方式等。

（3）确定抽奖形式。常见的抽奖形式包括砸金蛋抽奖（见图4-40）、九宫格抽奖（见图4-41）、大转盘抽奖、扭蛋机抽奖、刮刮卡抽奖等，具体可根据想要的抽奖效果进行选择。

图 4-40 砸金蛋抽奖

图 4-41 九宫格抽奖

（4）选择抽奖工具。抽奖工具应该能够提供多种抽奖形式，支持设置抽奖概率、奖品份数、奖品发送方式等。常见的抽奖工具有活动抽奖、抽奖助手等。

🔍 **素养课堂**

公平公正是社群抽奖活动成功的关键，它不仅关系到社群成员的直接利益，还深刻影响着社群的长期发展。通过践行诚实守信的价值观，社群能够塑造正面的形象，同时建立一个公平、开放和包容的环境，促进社群成员相互尊重和协作，共同营造积极向上的社群文化。

任务实施

任务演练 1：构建积分体系

【任务目标】

为"库优健身联盟"社群构建有吸引力的积分体系，促使社群成员持续活跃。

【任务要求】

本次任务的具体要求如表 4-13 所示。

表 4-13　　　　　　　　　　　　　　　　任务要求

任务编号	任务名称	任务指导
（1）	制定积分获取规则	确定需要激励的行为、积分分配、获取限制、特殊活动
（2）	设定积分的兑换能力	积分可兑换奖品，明确兑换比例
（3）	设置积分有效期	有效期不能太长或太短；清零操作要简便

【操作过程】

（1）制定积分获取规则。小张分析了对于提升"库优健身联盟"社群活跃度有帮助的行为，并根据其重要程度进行积分分配，同时针对容易出现"刷分"情况的行为设置获取限制，结果如表 4-14 所示。此外，为营造活跃氛围，小张还规定在社群周年庆、法定节假日期间，上述行为的积分奖励翻倍。

表 4-14　　　　　　　　　　　　　　　　积分获取规则

行为	积分奖励	获取限制
组织一次社群讨论	50	
在社群分享活动中担任主要发言人	60	
参与一次社群活动	30	
作为志愿者参与一次社群活动筹备	50	
完成一轮社群打卡	20	
在社群中消费并晒单	按消费金额的 1%计算	
在社群中发表的内容被收入社群日报（一期）	20	
成功邀请一个新成员入群	50	
在社群中发言一次（需@社群管理员）	2	每天不超过 6 分

（2）设定积分的兑换能力。小张梳理了一下社群目前的资源和社群成员的需求，规定积分可用于兑换库优品牌旗下的产品，这一方面可以通过有价值的实用产品增强积分体系的吸引力，另一方面可以增强社群成员对库优品牌的黏性。兑换比例为：1 积分=0.05 元。

（3）设置积分有效期。设置积分有效期为一年较为合理，这能促使成员积极获取、兑换积分。为简化操作，小张规定积分于每年年末统一清零，并提前一个月通过私信提醒社群成员。

技能练习

　　某数码品牌粉丝社群以自建论坛为主要平台，成员日常通过发帖、回帖进行交流，有价值的帖子会被列为精华帖。请为该社群设计有吸引力的积分体系。

任务演练2：开展红包活动

【任务目标】

　　在"库优健身联盟"社群中开展一次有意义的红包活动（避免为发红包而发红包），以提升社群活跃度。

【任务要求】

　　本次任务的具体要求如表4-15所示。

表4-15　　　　　　　　　　　　　　　　任务要求

任务编号	任务名称	任务指导
（1）	策划红包活动	确定红包种类、明确红包活动计划
（2）	实施红包活动	实际发放红包

【操作过程】

1. 策划红包活动

　　小张首先需要简单策划红包活动，具体步骤如下。

　　（1）确定红包种类。小张分析后认为，社群成员对健身知识、训练技巧、营养建议等内容高度感兴趣，开展有关这些知识问答的红包活动，能将红包激励与有价值的内容结合起来，还能促使社群成员就问答进行讨论、互动，进而有效提升社群活跃度。

　　（2）明确红包活动计划。小张进一步明确红包活动的计划，如表4-16所示。

表4-16　　　　　　　　　　　　　　　　红包活动计划

项目	内容
活动名称	运动知识问答红包挑战
活动时间	5月10日20:00
活动形式	围绕"肌肉锻炼""饮食营养""体育赛事常识"等知识开展问答，一共30个问题（均为单选题），每个问题发布后第一个回答正确的成员获得红包奖励
问答方式	发布一个问题→成员们回答→公布正确答案并发放红包→发布下一个问题
红包金额	红包金额根据问题的难度设定，基础金额为2元，最高10元
活动预算	预估每个问题的平均红包金额为5元，那么总预算至少为150元
参与限制	每个成员在整个活动周期内最多可以回答5个问题，以鼓励更多成员参与
问题准备	由小张提前一周准备问题，需确保问题的趣味性以及相关答案的准确性，同时避免难度过大
规则公布	活动开始前两天，在社群公告中详细说明活动规则和参与方式
账户资金准备	根据活动预算，提前将资金存入账户，确保有足够的资金发放红包

2. 实施红包活动

在红包活动开始当天，小张首先在社群中通知所有成员活动开始；然后依次发布准备的问题，给第一个答对的成员发专属红包。其方法为：点击群聊界面右下角的"+"按钮，在打开的列表中点击"红包"按钮，在打开的"发红包"界面中点击"拼手气红包"选项，在打开的列表中点击"专属红包"选项，如图 4-42 所示。点击"发给谁"选项，在打开的界面中选择接收红包的社群成员，返回"发红包"界面，设置红包金额为 2 元，在下方输入红包标题为"恭喜你答对了"，点击"塞钱进红包"按钮，如图 4-43 所示，在打开的界面中选择支付方式，点击"支付"按钮，输入密码，发放专属红包。

微课视频

发放专属红包

图 4-42　点击"专属红包"选项

图 4-43　设置红包

⏰**行业点拨**

微信群提供了 4 种红包类型，包括拼手气红包（成员随机获得不同金额的红包）、普通红包（成员获得相同金额的红包）、专属红包（指定领取人的红包）、直播红包（主播在微信视频号中直播时向指定微信群发放的红包，引导该微信群的成员前往直播间领取）。

任务演练3：利用抽奖工具发起抽奖

微课视频

利用抽奖工具发起抽奖

【任务目标】

在"库优健身联盟"社群中利用抽奖工具发起抽奖，刺激社群成员关注社群，从而提升社群活跃度。

【任务要求】

本次任务要求在"活动抽奖专业版"小程序中发起定时抽奖（5月15日周三23:00开奖）。奖品是库优牌运动护膝，一共有10份。

【操作过程】

（1）进入抽奖工具。在微信中搜索"抽奖"，在搜索结果中点击"小程序"选项卡，在打开的界面中点击"活动抽奖专业版"选项，进入该小程序界面并登录，点击"微信群抽奖"选项，如图4-44所示。

（2）设置抽奖信息。在打开的"发起抽奖"界面中输入"奖品名称""奖品数量"，在下方输入抽奖说明，在"开奖设置"栏中点击 "开奖时间"栏，设置开奖时间为"5月15日周三23:00（4天后）"，再点击界面下方的"发起抽奖"按钮，如图4-45所示。

图4-44　点击"微信群抽奖"选项

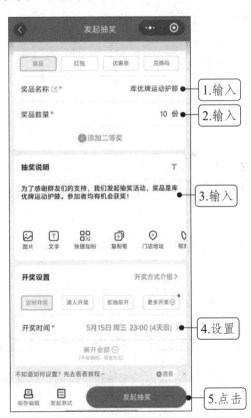

图4-45　设置抽奖信息

（3）分享抽奖活动。在打开的"申请手机号验证"界面中输入手机号，点击"确定"按钮，然后系统将弹出"发起抽奖成功"的提示，点击"立即分享到群聊"按钮，如图4-46所示，在打开的"选择分享卡片样式"界面中使用默认卡片样式，然后点击"发送给好友"按钮，如图 4-47 所示，在打开的界面中点击"库优健身联盟"社群对应的选项，将抽奖活动发送到该社群中。

图 4-46　点击"立即分享到群聊"按钮　　　　图 4-47　选择卡片样式

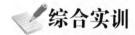技能练习

　　在"活动抽奖专业版"小程序中为某日用品品牌粉丝社群发起抽奖活动，奖品为衣柜收纳盒，一共有 10 份，开奖方式为即抽即开，结束时间是当前时间的 3 天后，设置中奖率为10%，领奖方式为快递邮寄。

综合实训

实训一　在文学社群中开展打卡活动

　　实训目的：策划并实施打卡活动，以巩固打卡促活的相关知识，提升组织社群打卡活动的实践能力。

　　实训要求：文学社群"书香阁"（微信群，规模不大）准备开展一场打卡活动，鼓励社群成员养成每日阅读的习惯，以提升社群活跃度。请策划该打卡活动，并组织实施。

　　实训思路：本次实训的具体操作思路可参考图 4-48。

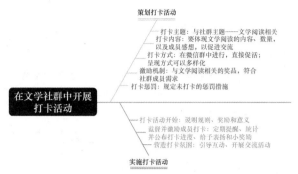

图 4-48　实训操作思路

实训结果： 本次打卡活动的策划与实施结果可参考图 4-49。

> **策划打卡活动**
>
> 打卡主题："30 日文学阅读挑战"，鼓励社群成员连续 30 天每天阅读。
> 打卡内容：书名+页数或时间+简短的读后感/原文摘抄。
> 打卡方式：在社群中发布，可以是"文字+图片"或"文字+语音朗读"的形式。
> 激励机制：连续打卡满 30 天将获得价值 200 元的文学礼包（内含 4 本名著）。
> 打卡惩罚：连续 2 天未打卡者取消当月领取社群福利的资格，累计 5 天未打卡者直接淘汰。
>
> **实施打卡活动**
>
> 打卡活动：在社群内发布群公告通知打卡活动开始，详细介绍活动规则、奖励和意义。
> 监督并激励社群成员打卡，管理员定期提醒社群成员打卡，每周统计并公布打卡进度，对连续打卡的社群成员给予表扬和小奖励，如给予社群头衔、虚拟徽章等。
> 营造打卡氛围，引导社群成员相互交流阅读心得，每周开展阅读交流活动，鼓励社群成员分享阅读体验。

图 4-49　实训操作结果

实训二　在文学社群中开展社群分享活动

实训目的： 策划并实施社群分享活动，以巩固社群分享的相关知识，提升组织社群分享活动的实践能力。

实训要求： 文学社群"书香阁"准备开展一场社群分享活动，邀请分享嘉宾分享与文学相关的内容，以提升社群活跃度。请策划该分享活动，并组织实施。

实训思路： 本次实训的具体操作思路可参考图 4-50。

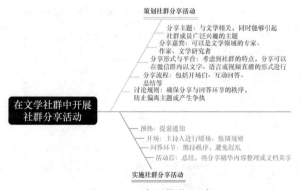

图 4-50　实训操作思路

实训结果： 本次社群分享活动的策划与实施结果可参考图 4-51。

【策划社群分享活动】
确定分享主题："阅读文学经典的当代意义"，旨在探讨当下阅读文学经典作品的价值与意义。
邀请分享嘉宾，社群内知名大学在读的一位文学博士。
确定分享形式，使用微信群的语音输入功能，方便嘉宾分享的同时，也便于后续整理分享精华内容。
确定主持人，负责引导讨论方向，确保讨论按主题进行；监控讨论过程，处理不当言论，确保讨论环境的和谐。
规划分享流程，分享环节为 45 分钟，问答环节为 15 分钟，最后 5 分钟总结分享要点。
【实施社群分享活动】
预热，在社群内提前一周通知分享活动信息，包括分享主题、嘉宾介绍、时间和参与方式。
开场，活动当天，主持人进行暖场、介绍嘉宾，开启分享环节。
问答，分享环节结束后，开启问答环节，社群成员可通过发送"举手"表情提问，主持人根据先后顺序邀请社群成员发言，如果社群成员提问不合适或者跑题，主持人应及时干预。
总结，分享活动结束后，整理分享与问答环节的精华内容，创建总结文档并上传至金山文档平台，将文档链接分享到社群中，鼓励社群成员阅读和反馈。

图 4-51　实训操作结果

实训三　为文学社群构建积分体系

实训目的： 通过构建社群积分体系，巩固积分促活的相关知识，提升相应实践能力。

实训要求： 为文学社群"书香阁"设计一套积分体系，以鼓励社群成员关注并参与社群活动，提升社群活跃度。

实训思路： 本次实训的具体操作思路可参考图 4-52。

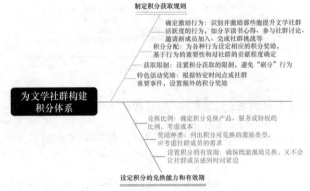

图 4-52　实训操作思路

实训结果： 本次实训完成后的参考结果如图 4-53 所示。

【制定积分获取规则】
行为：分享读书心得、参与社群讨论、推荐优质图书、撰写书评、参加社群活动、邀请新成员加入、完成社群挑战等。
积分分配：
分享读书心得，10 积分/篇。
参与社群讨论，5 积分/次。
推荐优质图书，10 积分/本。
撰写书评，30 积分/篇。
参加社群活动，20 积分/次。
邀请新成员加入，30 积分/个。
完成社群挑战，根据挑战难度，50～100 积分不等。
获取限制： 每周通过参与讨论获取的积分不超过 20 积分，每周通过推荐图书获取的积分不超过 60 积分。
特殊活动奖励： 社群周年庆、节假日活动期间，上述行为积分奖励翻倍。
【设定积分的兑换能力】
兑换比例：100 积分可兑换价值 10 元的书店礼券或电子书。
积分价值：1 积分相当于 0.1 元。
奖励种类：书店礼券、文学图书、社群定制周边产品（帆布包、书签、杯子）等。
【设置积分的有效期】
积分有效期为一年，每年年末清零，提前半个月通过私信提醒社群成员。

图 4-53　实训操作结果

巩固提高

1. 常见的社群打卡主题有哪些？

2. 如何在社群中营造打卡氛围？

3. 社群日报的内容通常包含哪些方面？

4. 社群日报的策划与制作需要遵循哪些步骤？

5. 制定积分获取规则时，需要考虑哪些关键点？

6. 社群讨论中，管理组由哪些角色构成？这些角色各自的主要职责是什么？

7. 如何设计社群讨论的话题？

8. 社群日报的内容来源有哪些？

9. 为"健康生活"社群设计一个为期两周的"早起鸟"打卡活动，主题为"晨间活力唤醒"。明确打卡规则，包括打卡时间、频率、内容形式和激励机制；使用"群打卡"小程序创建打卡活动，并设置打卡活动的详细信息。

10. 为金融社群策划社群日报，根据社群成员的内容需求，规划社群日报的每日固定栏目、周期性栏目和动态栏目；确定发布频率和时间，以及内容来源；策划社群日报的初步框架。

11. 为心理学爱好者社群规划一场关于"面对压力，如何调整心态"的社群分享与讨论活动。确定分享嘉宾、参与规则、管理组人员配置及其职责；规划分享活动的流程、制定讨论活动的规则。

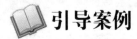

项目五
社群管理

学习目标

【知识目标】

1. 掌握社群运营团队管理的相关知识。
2. 掌握社群成员管理的相关知识。
3. 熟悉社群成员关系维护的相关知识。

【技能目标】

1. 能够组建一个各司其职、沟通顺畅、人员稳定的社群运营团队。
2. 能够为社群挖掘并培养一批核心成员。
3. 能够挽回流失的社群成员并劝退不合适的社群成员。
4. 能够引导新成员融入社群，加强社群成员间的情感联系，妥善处理社群冲突。

【素养目标】

1. 在开展社群管理的过程中，关注社群成员的需求和想法，做到以人为本。
2. 在处理社群事务时，做到公正、不偏不倚，尊重不同意见，倡导宽容、和谐。

项目导读

社群管理是指对特定社群进行有计划、有组织、有策略的统筹和协调，以实现社群的目标和价值。社群管理涵盖社群运营团队管理、社群成员管理以及社群成员关系维护等多个方面。良好的社群管理能够激发社群成员的积极性，让更多的成员参与社群的讨论和活动，有助于提高社群成员的活跃度和参与度；还可以让社群成员感受到社群的价值和温暖，从而使他们更愿意留在社群中，增强社群的凝聚力，促进社群的发展和壮大。

在开展社群促活以后，"库优健身联盟"社群的活跃度有所提升，群聊消息的数量大大增加。频繁的交流难免出现各种情况，如社群成员发生冲突等，这给社群管理带来了挑战。老李意识到需要带领小张采取各种措施，加强对"库优健身联盟"的社群管理，以维护社群的良性发展。

引导案例

秋叶 PPT 社群的运营团队管理

秋叶 PPT 社群运营成功的关键在于挑选了合适的运营人才。该社群通过微信公众平台，逐步筛选出愿意付费学习的学员，再通过作业提交、作品投稿等方式，识别出在产出稳定性、产出效率、个人情绪管理、目标管理上有比较出色的表现的社群成员，吸纳其加入社群运营核心团队。这样的做法不仅增加了团队成员的归属感和成就感，还让他们通过实际参与社群运营，提高了技能水平，积累了经验。

在运营团队管理方面，秋叶 PPT 社群运营团队的角色多种多样，包括课助、班主任等，他们负责解答社群成员的问题，维持社群秩序，确保社群健康运行。不同能力的人员会被安排扮演不同的角色，以发挥自身优势。此外，秋叶 PPT 社群运营团队引入了严格的淘汰机制，长期表现不佳的团队成员会被淘汰，这让团队成员形成必要的危机感和紧迫感，确保团队始终保持活力与竞争力。

留住人才是秋叶 PPT 社群持续发展的关键。该社群运营团队通过提供经济回报、共享平台资源、营造和谐氛围、实施个性化激励以及情感维系等策略，确保团队成员既有物质上的收获，也实现精神上的满足，从而愿意长期留在运营团队中。

点评：秋叶 PPT 社群运营团队管理的案例彰显了人才筛选与培养的重要性。该社群通过精细化的选人机制和多元化的角色分配，打造了一支高效且充满活力的运营队伍。同时，其独特的淘汰机制与综合激励策略，不仅维持了团队的高水平表现，还成功留住了核心人才，为社群的长期繁荣奠定了坚实的基础。

任务一　社群运营团队管理

任务描述

由于当前社群运营工作量增大，人手不够，老李安排小张组建一个分工明确的社群运营团队，并做好团队的管理，让运营团队保障社群的正常运转。任务单如表 5-1 所示。

表 5-1　　　　　　　　　　　　　　　　　　任务单

任务名称	社群运营团队管理	
任务背景	"库优健身联盟"社群计划组建社群运营团队，同时要考虑到由于社群目前还未实现商业变现，社群资金不多，无法支付太多运营人员的报酬	
任务类别	■ 社群运营团队管理　□ 社群成员管理　□ 社群成员关系维护	
工作任务		
任务内容	任务说明	
任务演练 1：确定社群运营团队组织架构	根据社群的实际情况，明确社群运营团队需要的角色，以及每个角色的职责和能力要求	
任务演练 2：设计社群运营团队沟通指南	确定沟通工具、资料管理制度和会议制度	
任务演练 3：使用 AI 工具协助设计社群运营团队人才挽留方案	从多个方面切入，提供足够的支持和激励，提升社群运营团队成员的价值认可度和成就感	

任务总结：

一、组建社群运营团队

社群运营团队是指专门负责管理和促进社群发展的专业团队。一个成功的社群需要多方面的专业技能支持，包括社群成员管理、活动策划与执行等。社群运营团队的成员各司其职，能够更专业、高效地完成运营任务，确保社群运营的各个环节正常开展。因此，组建社群运营团队十分必要。

（一）社群运营团队的角色组成

社群运营团队通常包含以下角色。

1. 社群总监

社群总监作为社群运营团队的核心领导者，主要负责宏观层面的规划与管理，具体来说，其职责如下。

（1）战略规划。深入了解目标市场和群体，分析竞争对手，确定社群定位和总体战略。

（2）预算管理与资源配置。合理规划社群运营的年度或季度预算，包括内容制作、活动举办、渠道推广等各项开支；监控运营成本，通过优化流程、资源整合等方式，提高资金使用效率，确保成本效益最大化。

（3）团队领导与管理。构建高效的社群运营团队，根据团队成员的特长分别分配合适的角色和任务，促进团队协作。

社群总监需具备社群运营相关经验，熟悉社群架构和玩法；具备优秀的策略规划能力，并能有效执行，确保运营目标的实现；拥有良好的团队领导和管理能力，能够激发团队潜力。

2. 内容专员

内容专员是社群运营团队中极为关键的角色，他们负责构思、设计并产出能够吸引、刺激并维系社群成员的内容，其主要职责如下。

（1）计划和策略确定。根据社群定位和总体战略，确定内容发布计划和主题策略。

（2）内容创作与编辑。创作形式多样化的高质量内容，包括文章、视频、图文、直播、互动话题等，确保内容既有深度又能引起社群成员共鸣。

（3）数据分析与评估。分析内容发布后的数据（如阅读量、点赞量、评论量、分享量等），评估内容效果，根据数据调整内容方向和策略。

（4）趋势洞察与创新。紧跟行业趋势和社会热点，不断创新内容形式和表达方式，使社群内容保持新鲜感和吸引力。

内容专员需要具备出色的内容创作和创新能力，能够根据不同场景和需求，创作出新颖、有价值的内容；拥有扎实的文字功底和编辑能力，能够撰写吸引人的标题、流畅的内容，以及进行有效的信息传达；熟悉多种内容创作工具和多媒体编辑软件的使用，包括视频剪辑软件（如剪映）、图片设计工具（如创客贴）等，能够独立完成多媒体内容的制作；能够运用数据分析工具评估内容表现，并根据数据分析结果优化内容策略；能快速捕捉网络热点，适应内容创作的新趋势。

3. 社群管理员

社群管理员在社群中扮演着至关重要的角色，他们的存在对于社群的健康、活跃及持续发展起着决定性作用。社群管理员的职责如下。

（1）日常运营管理。负责社群的日常维护，包括社群成员的审核添加、消息管理、公告发布等，确保社群日常运作顺畅。

（2）规则制定与执行。根据社群定位和目标，制定合理的社群规则，并确保所有社群成员遵守，及时处理违规行为。

（3）促进互动。积极回应社群成员的提问与反馈，促进社群成员之间的交流与互动，打造友好、互动频繁的社群环境。

（4）社群氛围营造。通过正面积极的互动和管理，塑造积极、包容、活跃的社群文化，维护良好的社群氛围，处理社群内的矛盾和冲突，确保社群和谐。

（5）数据分析与优化。收集并分析社群成员的相关数据，并提出优化建议。

（6）反馈收集与处理。收集社群成员的反馈和建议，及时响应社群成员需求。

社群管理员需要具有较强的沟通能力，能够有效地与社群成员及团队成员沟通，处理社群冲突；具有一定的组织协调能力；具备基本的数据分析能力；具有较强的服务意识，能深刻理解社群成员的需求。

4. 活动运营专员

活动运营专员负责策划并执行各类活动，以提升社群活跃度、增强成员黏性、提升转化率。活动运营专员的具体职责如下。

（1）活动策划与执行。根据社群特点和目标，策划吸引力强的线上/线下活动，如研讨会、分享会、挑战赛等；制定详细的活动方案，方案应包括活动目的、内容策划、流程安排、预算控制等，并负责活动的全程执行与落地。

（2）资源整合。与内部成员（如内容专员等）以及外部合作伙伴（如赞助商、供应商、嘉宾等）协调，整合所需资源，确保活动顺利进行。

（3）预算管理。合理规划活动预算，确保活动在成本控制范围内高效执行，实现成本效益最大化。

（4）活动宣传。利用社群、社交媒体平台等多种渠道宣传推广活动，提升活动的关注度。

（5）反馈收集与优化。活动结束后收集参与者的反馈，总结活动经验，分析不足之处，提出改进措施，不断优化活动策略和执行细节。

活动运营专员应具备创新思维，能够策划出新颖、有趣的活动方案，吸引社群成员关注和参与活动；掌握一定的项目管理技巧，能够有效组织资源，确保活动按时按质完成；掌握良好的沟通技巧，能够与多方有效沟通，协调资源，处理突发事件；具有团队合作精神，能够与团队成员协作完成任务。

5. 营销专员

营销专员是连接品牌与社群成员的关键纽带，通过有效的营销策略，推动社群的商业化进程和品牌价值的提升。营销专员的职责如下。

（1）规划与执行社群扩张策略。负责设计并执行创新的社群引流及裂变方案，实现社群规模快速而有机的扩张。

（2）探索与实施商业变现模式。积极探索并实践社群的商业变现模式，比如产品销售、会员制度、付费课程或服务等，设计并执行营销活动，将社群流量转化为商业价值。

（3）销售数据分析与策略优化。系统性地收集销售数据，深入分析转化率、收益情况等关键指标，根据分析结果灵活调整营销策略，不断提升营销效率与效果。

营销专员应具备较强的营销策划能力，并能高效执行营销策略；能基于数据做出精准的营销决策；能够洞察潜在商机，灵活设计商业变现模式，有效提升社群的商业潜力；与团队内外人员有效沟通，协调资源，确保营销计划顺利实施。

> ⏰**行业点拨**
>
> 在社群运营团队中，不论哪种角色，都应认同社群的发展理念和文化内涵，同时其行为和态度都应符合社群的相关规范，能够以身作则，为社群树立正面形象。

（二）不同发展阶段社群运营团队的组织架构

在社群的不同发展阶段，社群运营团队的结构和规模会有所调整，以适应社群发展的实际需要。

（1）萌芽期。在社群的萌芽期，由于资源有限，社群运营团队的人员应精简，通常由社群总监（负责社群的总体策略规划、核心内容产出、社群规则制定和初期的社群成员招募）和一名小助手（协助社群总监处理日常事务，如社群成员审核、简单问题解答、内容整理和初步的社群活跃度维护）构成，角色职责综合性和灵活性强。

（2）成长期。随着社群进入成长期，社群规模扩大，需要更多的内容和活动来维持社群活跃度，同时管理上的复杂性增强。此时社群运营团队可以采用"社群总监+社群管理员+内容专员+活动运营专员"的组织架构。

（3）成熟期。待社群进入成熟期，社群规模较大且相对稳定，运营重点转向增强社群成员黏性、探索商业变现模式和建设品牌。此时社群运营团队需要设置营销专员，大型社群还可将组织架构进一步细分，如设置内容部门，下设内容策划小组、内容创作小组、多媒体制作小组；设置市场部门，下设社群品牌建设小组、产品/服务营销小组等，具体根据社群需求而定。

图 5-1 所示为某社群运营团队在不同发展阶段的组织结构。

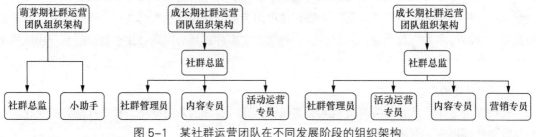

图 5-1　某社群运营团队在不同发展阶段的组织架构

（三）招募社群运营团队成员的渠道

招募社群运营团队的成员时，可以利用多种渠道扩大搜寻范围并提高招聘效率，渠道包括 BOSS 直聘、智联招聘等专业招聘网站（见图 5-2），行业相关的论坛、社交媒体平台（见图 5-3），社群内部，他人推荐，等等。

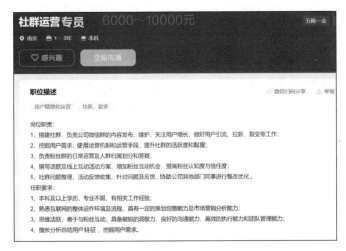

图 5-2　在专业招聘网站上招募社群运营团队成员　　图 5-3　在社交媒体平台上招募社群运营团队成员

二、完善社群运营团队沟通机制

完善社群运营团队的沟通机制对于提升团队协作效率、确保运营任务顺利推进至关重要。社群运营人员可以使用以下方法来优化团队沟通。

（1）建立正式的沟通渠道。选用适合社群运营团队的沟通工具，如即时通信软件（如微信、QQ）、电子邮件、视频会议工具（如腾讯会议）等；规定不同情境下使用的沟通工具，以及各种沟通工具的使用规则，确保信息的高效和有序流通。

（2）资料整理与共享。对各种资料进行分类和归档，并开放给团队成员，以降低因查找资料而产生的各种沟通成本。具体可以使用文档协作工具（如金山文档）、云存储工具（如百度网盘）等整理共享资料。例如，某社群将内部资料统一存放在百度网盘中，并将其分类归档为宣传素材资料、社群成员资料、线上活动资料、线下活动资料等，如图 5-4 所示。

（3）定期召开会议。设立固定的团队会议，如每日晨会、每周例会、月度回顾会等，以快速同步进度、讨论问题、规划下一步工作。会议需遵循高效原则，确保每次会议都有明确的议程和产出。例如，秋叶 PPT 社群运营团队固定在每天晚上 10 点在线沟通当天的业绩数据，确定需要改进和调整的工作方向。

（4）建立反馈机制。鼓励团队成员及时提出反馈，无论是正面反馈还是负面反馈，都应当建设性地提出；设立专门的反馈渠道，如匿名调查问卷或建议箱，鼓励团队成员提出改进建议。

（5）建立紧急响应机制。设定突发事件的应急沟通流程，明确紧急情况下的响应时间、紧急联系人名单、快速响应小组的组建规则等，确保在遇到紧急情况时能够迅速决策并行动。

图 5-4　在百度网盘中分类归档资料

三、留住社群运营团队成员

优秀的社群运营团队成员能够确保社群的活跃度和黏性，他们的持续存在有助于社群的稳定发展，因此社群运营团队有必要采取措施留住优秀的团队成员。

（一）社群运营团队成员流失的原因

社群运营团队成员流失通常由以下因素造成。

（1）职业发展受限。社群运营团队成员可能因为在社群内部缺乏成长空间或晋升机会而选择离开，从而选择寻求外部机会。

（2）工作压力大。运营社群有时需要面对高强度的工作压力，如长时间在线、快速响应社群成员的需求、处理紧急情况等。社群运营团队成员长期处于高压环境下可能产生疲惫感和不满，从而选择离职。

（3）缺乏认可与激励。如果社群运营团队成员的努力和成就得不到足够的认可，或者激励机制不健全，他们可能会因为自身的工作价值被忽视，工作积极性和忠诚度降低，从而选择离开。

（4）团队氛围不佳。社群运营团队内部沟通不畅、人际关系紧张、领导风格不受欢迎等问题，都可能成为社群运营团队成员离职的原因。

（5）工作内容单调乏味。重复性高、创新空间小的工作内容可能会让富有创造力的社群运营团队成员感到乏味，从而失去工作热情并选择离开。

（二）留住社群运营团队成员的方法

留住社群运营团队成员的关键在于创造一个既有利于个人成长，又能使个人感受到工作价值被认可并产生成就感的环境，同时提供足够的支持和激励，让社群运营团队成员能够得到应有的回报并拥有长远的发展前景。具体来说，留住社群运营团队成员可以从以下几个方面入手。

（1）增强社群认同感。构建独特的社群文化，让社群运营团队成员意识到其参与的是一份有意义的共同事业。可以通过定期举办团队建设活动，讲述团队故事、社群使命，增强社群运营团队成员对社群的认同感和归属感。

（2）凸显社群工作价值。定期向社群运营团队成员展示社群的正面影响，如社群成员增长数据、社群正面反馈、社群活动的成功案例等，让社群运营团队成员直观感受到他们的工作对社群乃至社会产生的积极影响，进而认可自己的工作价值。

（3）建立激励机制。设计针对社群运营特点的激励机制，如根据社群成员增长数量、社群成员活跃度和内容质量进行奖励。对于表现出色的社群运营团队成员，可以提供额外的奖励，如奖金、晋升机会等。同时，还可以根据社群运营团队成员的兴趣和专长设计个性化激励方案，比如对于擅长内容创作的社群运营团队成员，为其提供对外发表文章或参与社群分享的机会；对于热衷于组织社群活动的社群运营团队成员，在活动筹备中安排其承担更重要的职位，以此来增强他们的职业成就感。

（4）减轻工作负担。为社群运营团队成员提供合理的工作安排，减轻其因繁重工作产生的压力。具体可以采取的措施有：确保社群运营的工作流程合理有效，减少不必要的程序，尽量实现日常运营流程标准化（图5-5所示为某亲子阅读社群的日常运营标准化流程），以提升工作效率；根据社群运营团队成员的活跃时间段，设计灵活的排班表，采用轮流负责制；清晰界定每个社群运营团队成员的职责边界，确保每个社群运营团队成员都能专注于自己的核心工作领域，如负责社群产品销售的人员不必参与社群的日常运营；将非核心业务外包出去，节省社群运营团队成员的精力。

时间	工作环节	工作内容
9:00	晨间唤醒	分享简短的儿童绘本故事摘要，附带思考问题，激发孩子的好奇心与学习兴趣
12:00	午餐伴读	发布图书背后的故事或作者简介，增加阅读趣味性，提醒家长在共享午餐时轻声朗读
15:30	下午创意工坊	鼓励家长和孩子共同选取故事进行创意改编，准备晚上展示
19:00	晚间共读	推送精选亲子共读图书的电子版链接或阅读指导视频，引导家庭成员共同阅读
20:30	成果展示与讨论	邀请家庭分享创意改编作品，与其他成员互动，营造积极的社群氛围
22:00前	次日运营准备	整理第二天的所有分享内容与活动素材，确保信息准确无误

图 5-5　某亲子阅读社群的日常运营标准化流程

⏰ **行业点拨**

有些社群运营团队成员是以兼职或志愿者的形式参与社群运营工作的，对于他们可以采用弹性管理。如当社群运营团队成员的本职工作繁忙时，允许他们只处理少量的社群相关工作；当社群运营团队成员空闲时，鼓励他们多承担一些社群相关工作。

（5）积极听取反馈意见。定期向社群运营团队成员征求反馈意见，了解他们对工作和社群环境的看法。对反馈做出积极响应，及时调整策略和措施，以解决社群运营团队成员关切的问题。

（6）提供情感和心理支持。为社群运营团队成员提供心理支持，帮助他们应对工作压力和个人问题；关注社群运营团队成员的个人生活，在工作周年纪念日、生日等重要日子通过小礼物、贺卡或团队祝福等方式表达关心和祝贺。

（7）提供成长机会。设定清晰的发展路径和晋升标准，让社群运营团队成员明确他们在组织中成长的可能性；针对社群运营团队成员定制培训和发展计划，如社群管理课程、内容创作培训等。

素养课堂

留住社群运营团队成员的各种方法都体现了人文关怀。人文关怀，简而言之，就是在组织管理与日常工作中，重视并尊重个体的情感、需求、成长和发展，创造一个温馨、具有支持性、尊重多样性的环境。人文关怀的核心在于展现对人的尊重，这种理念不仅在社群运营团队管理中至关重要，对于社群成员管理也是不可或缺的。

任务实施

任务演练 1：确定社群运营团队组织架构

【任务目标】

为"库优健身联盟"社群运营团队确定组织架构。

【任务要求】

本次任务要求根据"库优健身联盟"社群的实际情况确定其社群运营团队的组织架构，明确所需角色及其职责、能力要求，并给出安排理由。

【操作过程】

小张认为，"库优健身联盟"社群已经进入成长期，需要配置较为完整的社群运营团队，但考虑到目前经费有限，没有条件招募太多人员，因此需要一人身兼多职，并安排志愿者团队作为补充。具体安排如表 5-2 所示。

表 5-2　　　"库优健身联盟"社群运营团队组织架构的具体安排

角色	主要职责	安排理由	能力要求
社群总监	职责包括战略规划、预算管理、团队领导与管理，同时负责制定内容策略、活动策略和营销策略	① 内容、活动与营销是社群运营的三大支柱，由社群总监统一监管有助于保持信息传递、品牌形象和用户体验的一致性 ② 促进内容、活动和营销策略的协同，从而更有效地分配有限的资源	战略思维与规划能力、团队建设和领导能力、财务管理能力、营销策划与市场洞察能力
内容和活动运营专员	内容和活动运营专员两者的职责，主要包括内容创作、活动策划与执行以及相关数据的分析	① 所需能力的共通性：都应具备较强的创意能力 ② 资源优化：内容与活动的紧密配合能减少重复工作，如共同的宣传渠道、共享的创意素材库等，有利于资源的最大化利用	内容创作能力、活动策划与执行能力、数据分析和项目管理能力
社群管理员	负责社群管理宏观层面的工作：社群规则制定与执行监督；招募、培训、管理志愿者团队，分配任务；氛围营造与文化塑造；社群成员数据分析	① 效率提升：让社群管理员更高效地利用其专长，志愿者团队利用人多力量大的优势，快速响应日常运营需求，提升整体工作效率 ② 成本优化：志愿者团队安排灵活，人力成本低 ③ 志愿者成长：帮助志愿者增强参与感与归属感，并提升其综合能力	团队管理能力、沟通协调能力、数据分析能力
志愿者团队	负责社群管理执行层面的工作：日常互动维护、社群规则普及、宣传与反馈收集		沟通能力、团队协作精神，充满热情，有责任感

任务演练 2：设计社群运营团队沟通指南

【任务目标】

为"库优健身联盟"社群运营团队设计沟通指南，提升团队沟通效率。

【任务要求】

本次任务的具体要求如表 5-3 所示。

表 5-3　　　　　　　　　　　　　　　任务要求

任务编号	任务名称	任务指导
（1）	确定沟通工具	沟通工具及其使用规则
（2）	确定资料管理制度	文档管理工具、文档分类规范、文档权限设置
（3）	确定会议制度	周会、月会

【操作过程】

（1）确定沟通工具。根据使用便捷性、功能、费用和技术门槛评估几种常见的沟通工具，如微信、钉钉、企业邮箱、腾讯会议、QQ 等，为不同的沟通场景选择合适的沟通工具，并确定具体的使用规则。最终确定的沟通工具及其使用规则如图 5-6 所示。

1.　沟通工具
【工具选择】
官方指定沟通工具为微信，用于日常即时通信与文件传输；重要通知及正式文件往来采用企业邮箱；线上会议使用腾讯会议。
【使用规则】
微信：非紧急事务避免下班时间发送消息，确保工作生活平衡。群聊中避免讨论无关话题，专项工作建议开设专门的微信小群。
企业邮箱：用于正式通知、项目报告及对外沟通。邮件标题需清晰反映内容主旨，正文简洁明了，必要时附上详细附件。
腾讯会议：适用于周会、月会等，需提前一天发布会议日程及议程，确保参会人员准备充分。

图 5-6　确定沟通工具

（2）确定资料管理制度。明确社群运营团队在运营过程中会产生哪些类型的资料，如宣传素材、社群管理资料、活动策划资料等，并进一步细分这些资料的具体内容。同时评估各类资料的敏感程度，确定哪些资料属于敏感资料，对敏感资料需要采取特别的权限控制，以防止信息泄露。最终确定的资料管理制度如图 5-7 所示。

2.　资料整理与共享
【文档管理】
使用企业版金山文档作为文档管理工具，按照"职能领域—项目—子类别"的格式来命名文档。其中，职能领域可以是"内容创作""活动策划""社群维护""市场推广"等；项目指具体的运营活动或长期项目，如"春季健身挑战赛""会员福利月"等；子类别则依据具体文档内容进一步细分，如"海报""视频""成员档案"等。
命名示例：[活动策划]—春季健身挑战赛—活动预算表.xlsx
【权限设置】
责任人：权限管理的责任人为社群总监，社群总监可以授权社群管理员来具体执行日常权限管理工作。
设置原则：默认给予所有社群运营团队成员基础的访问权限，允许查看与自己工作直接相关的大多数资料，以促进信息共享和协作。对于含有敏感信息或涉及核心决策的文档（如财务报告、策略规划等），访问者需向社群总监申请查看权限。

图 5-7　确定资料管理制度

（3）确定会议制度。考虑到社群运营需要频繁协作，因此安排周会、月会两类定期会议，同时明确周会、月会各自的安排，确保会议符合实际工作需求，以促进团队协作与效率提升。最终确定的会议制度如图 5-8 所示。

```
3. 定期会议制度
【周会】
时间与平台：每周一上午 10:00，使用腾讯会议。
会议内容：全面总结上周工作成果，细致规划下周的任务安排，并就工作中遇到的挑战
和问题进行深入探讨，寻找有效解决方案。
目的：确保项目按计划顺利推进，同时增强团队成员的相互理解和协作。
【月会】
会议时间与形式：每月最后一个工作日 15:00，根据实际情况选择线下或线上模式举行。
会议重点：进行一次全面且深入的月度复盘，细致分析本月取得的成就与不足，明确下月的
工作目标和战略方向。
表彰环节：特别设置表彰环节，对本月表现突出的社群运营团队成员进行表彰，以激发全体
社群运营成员的积极性与创造性。
```

图 5-8　确定会议制度

任务演练 3：使用 AI 工具协助设计社群运营团队人才挽留方案

【任务目标】

为"库优健身联盟"社群运营团队设计人才挽留方案，增强社群运营团队成员的稳定性。

【任务要求】

本次任务要求结合"库优健身联盟"社群的实际情况，从社群认同与文化、工作价值与成就、激励机制、工作负担、反馈机制、情感关怀与心理支持几个方面设计人才挽留方案。

【操作过程】

小张通过一对一访谈的方式，了解社群运营团队成员当前的工作满意度、个人职业发展目标、对现有激励机制的评价、工作生活平衡状况、对团队文化的认同度等，并根据留住社群运营团队成员的方法，为"库优健身联盟"社群运营团队设计了有针对性的人才挽留方案，如表 5-4 所示。

表 5-4　　　　　　　　　　　　　　人才挽留方案

项目	具体措施与方法
社群认同与文化	① 塑造共同愿景：明确"库优健身联盟"社群的核心使命与愿景，通过内部分享会、文化墙、品牌故事等形式，增强社群运营团队成员对健康生活方式推广的使命感 ② 团队建设活动：定期组织户外团建、健康挑战赛等活动，增进社群运营团队成员间的默契与友谊，同时让社群运营团队成员亲身参与、体验社群文化
工作价值与成就	成果展示会：每月举行一次成果分享会，展示社群成员数量增长、活跃度提升、正面反馈收集等成果，表彰贡献突出的个人，增强社群运营团队成员的成就感
激励机制	① 绩效挂钩奖励：建立基于社群增长、内容创新、成员满意度的激励体系，包括奖金、健康福利、专业培训机会等 ② 个性化成长计划：根据社群运营团队成员特长和职业兴趣，提供定制化成长路径，如内容创作大赛、活动策划大赛，优胜者可获得项目主导权或对外交流机会
工作负担	① 效率提升：引入 AI 工具提升内容创作效率 ② 灵活排班：根据社群活跃时间（如早晨健身打卡、晚间健身分享高峰）灵活安排志愿者轮岗，确保工作量分配合理
反馈机制	① 定期收集反馈意见：通过匿名调查或定期访谈收集反馈意见 ② 快速响应与改进：针对反馈意见迅速采取行动，公开分享改进措施

（续表）

项目	具体措施与方法
情感关怀与心理支持	① 身心健康日：设立特定日期为"身心健康日"，组织社群运营团队成员参与户外健身活动、瑜伽冥想课程，结合专业心理咨询，全方位关注社群运营团队成员的身体与心理健康 ② 个性化健康关怀包：依据社群运营团队成员的运动偏好和健康数据，提供个性化健康关怀礼包，如定制健身计划、营养补给品试用装、健身房体验卡等，展现对其个人健康的重视 ③ 心理健康计划：提供专业心理咨询服务，定期举办压力管理工作坊，关注社群运营团队成员心理健康

任务二　社群成员管理

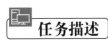
任务描述

　　老李认为目前社群虽然成员数量多，但缺少系统的管理，没有一批可靠的核心成员作为支撑，有些社群成员在社群内"捣乱"，这影响了部分社群成员的感受，导致他们逐渐沉默，因此他安排小张加强对社群成员的管理。任务单如表 5-5 所示。

表 5-5　　　　　　　　　　　　　　　　任务单

任务名称	社群成员管理	
任务背景	小张考察后发现，很多以前活跃的社群成员（以小松、明明、王璐为代表）近期很少在群内发言，他希望找到原因并挽回他们。另外，他还注意到，社群成员洲洲时常在群内发表与社群积极向上的价值观不符的言论，小张计划采取措施处理	
任务类别	□ 社群运营团队管理　■ 社群成员管理　□ 社群成员关系维护	
工作任务		
任务内容	任务说明	
任务演练 1：设计核心成员成长计划	先明确如何挖掘潜在核心成员，再明确如何进一步培养核心成员	
任务演练 2：激活不活跃的社群成员	不同社群成员沉寂的原因不同，要采取不同的激活策略	
任务演练 3：劝退不守群规的社群成员	以社群规则为根据，沟通时注意语气和礼仪	

任务总结：

知识准备

一、挖掘和培养核心成员

　　在社群中，核心成员通常指的是那些对社群发展起着决定性作用的成员，他们不仅是社群相关活动的积极参与者，更是社群文化的塑造者、内容的创造者以及社群价值观的传播者。核心成员通常是高质量内容的生产者，凭借其专业知识、热情和责任感成为其他社群成员的榜样；他们同时还是社群内部的沟通桥梁，能够促进社群成员间的沟通与交流，帮助新成员融入社群，从而增强社群的凝聚力和归属感。

（一）识别与挖掘潜在核心成员

识别与挖掘潜在核心成员，即找到那些既有能力又愿意为社群贡献力量的成员，有助于集中资源和精力，对这些未来的核心成员进行更有针对性的培养。具体可以从以下几个方面识别与挖掘潜在核心成员。

（1）互动频率与质量。频繁参与讨论、发表高质量内容、乐于助人的社群成员往往具有成为核心成员的潜质。

（2）内容贡献度。观察哪些社群成员经常分享有价值的内容，如原创文章、教程、资源链接等，以及这些内容是否引起广泛讨论或受到好评。

（3）活动组织与参与积极性。观察哪些社群成员经常参与或主动组织社群活动，如线上研讨会、问答会、挑战赛等。社群活动的组织者和积极参与者往往对社群有较强的归属感和贡献意愿。

（4）社群外影响力。考察社群成员在社交媒体平台或其他平台的影响力，如果他们在相关领域有一定的知名度或粉丝基础，且能将这部分影响力带入社群，那么这些人也很可能成为核心成员。

（5）社群成员意见。直接询问社群成员的意见，让他们提名自己心中的核心成员或对大家最有帮助的社群成员。社群内其他成员的口碑和认可度是识别核心成员的一个直观指标。

（二）培养与激励核心成员

培养与激励核心成员是提升社群综合能力、确保社群健康成长、实现社群长期目标的关键措施。具体可以使用以下策略来培养与激励核心成员。

（1）提供专属身份标识。给予核心成员特殊的头衔（如"社群大使""知识导师""创意先锋""社区守护者"）或徽章（如金色话筒徽章代表常驻讲师，图书徽章代表内容贡献者），增强其归属感和荣誉感。同时还可以在社群内设立一个"荣誉墙"或"名人堂"板块，展示核心成员的照片、简介及其主要贡献，为新老社群成员树立榜样。

（2）赋予管理权限。赋予核心成员更多社群管理权限是提升他们参与度和责任感的有效方式。可以允许核心成员协助管理社群，包括审核新发布的信息、评论，确保它们符合社群规范，并及时移除垃圾信息或违规内容；给予核心成员自主策划和组织线上或线下社群活动的权限，让他们能够发挥创意和组织能力；授权核心成员担任新成员的导师或引导者，让他们负责解答疑问、介绍社群文化等工作，帮助新成员更快融入社群。

（3）提供物质/精神奖励。根据贡献大小提供现金奖励、礼品、优惠券等，体现对他们努力的认可；设立"年度最佳贡献奖"等奖项，在社群内外公开表彰核心成员的贡献，如颁发荣誉证书、在社群公告中公开表彰。

（4）建立内部交流渠道。创建一个仅供核心成员使用的交流群或平台，促进他们之间的经验分享和深度交流，增强核心成员间的凝聚力。

（5）设计晋升路径。为表现优异的核心成员设计清晰的晋升通道，如为他们提供成为社群管理员、顾问或项目负责人的机会，并提供相关的成长资源支持。

二、成员流失管理

社群成员流失是指某个社群的成员逐渐降低社群相关活动的参与度（如不再阅读或回应社群消息、减少在线时间、缺席社群活动），直至完全停止在社群中的活动，甚至退出社群的现象。社群成员流失对社群的活跃度、凝聚力和长期发展都有负面影响，是社群运营人员需要重点关注并采取措施加以解决的问题。社群运营人员在成员流失管理中需要做好以下工作。

（一）了解流失原因并优化

通过问卷调查、一对一访谈（见图 5-9）或数据分析，了解社群成员流失的原因，如内容不吸引人、互动减少、社群规则过于严格、兴趣和需求转移、广告过多、社群管理混乱、社群成员间不和谐、管理团队漠视社群成员意见等，再根据相关反馈进行优化。

（1）调整社群内容和活动。提供高质量、多样化和互动性强的内容和活动，并根据社群成员的反馈实时调整，以提高社群成员的参与度和满意度。例如，某数码产品社群调查后了解到，部分社群成员退群的原因是群内互动氛围不浓、内容单一，于是便推出"每日小话题"栏目，鼓励社群成员就数码产品的前沿话题进行讨论，增强互动性、提供丰富内容。

（2）优化社群规则。确保社群规则既清晰又合理，避免过度限制社群成员的自由表达，同时维护良好的社群环境。要适时调整社群规则，以适应社群发展变化。

（3）建立有效的沟通机制。确保社群内有便捷的反馈渠道，以便社群成员可以轻松提出意见和建议。同时，社群管理者要积极响应社群成员的反馈，展现开放和真诚倾听的态度。

（二）挽回有价值的流失成员

挽回有价值的流失成员对于社群的长期发展至关重要，这不仅需要采取合适的挽回策略，还需要真诚、有耐心，具体可以采取以下方法。

（1）创作个性化邀请内容。创作个性化的邀请内容，表达对他们以往贡献的感激之情，并告知社群最近的改进措施和新增亮点，诚邀他们重新加入（见图 5-10）。

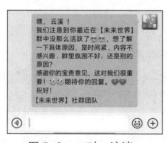

图 5-9　一对一访谈　　　　图 5-10　创作个性化邀请内容

（2）提供特别回归礼包。为回归的社群成员准备特别的回归礼包，如小礼物、专属回归徽章、高级功能使用权、精选内容包等，让他们感受到被重视和特别对待。

（3）设立回归见证。在社群内部设立"回归英雄榜"或"归来故事"分享专栏，让回归的成员有机会分享自己的故事，感受社群的温暖。

（4）创建小规模重聚活动。组织线上或线下的小规模重聚活动，专门邀请回归的社群成员参加，通过面对面的交流加深彼此的连接，增强社群的凝聚力。

（5）持续关注与支持。持续关注回归社群成员的参与情况，定期收集反馈，确保他们的问题得到及时解决，充分体现社群的持续关怀和支持。

三、劝退不合适的成员

社群成员的质量影响社群的发展，对于不合适的社群成员，需要及时劝退，以维护社群的健康、积极发展。

（一）需劝退成员的判定

判定需要劝退的社群成员时，通常会依据社群的规章制度、价值观以及该成员对社群整体氛围和发展的潜在影响来综合判断。常见的判定标准如下。

（1）严重违反社群规则。例如，发布违法违规内容、恶意攻击他人、泄露他人隐私、持续发布广告或垃圾信息、多次不遵守社群规定等行为。

（2）持续产生消极影响。社群成员的行为持续对社群氛围造成负面影响，如频繁引发争执、传播负面情绪、阻碍正常交流等，这种情况即使其不直接违反规则，也可以将其判定为不合适的社群成员。

（3）屡教不改。对于已通过私下沟通、警告等方式提醒过的社群成员，如果其行为没有明显改善，表明其不愿意或无法适应社群规范。

（4）损害社群利益。社群成员的行为直接或间接损害社群的集体利益，如滥用社群资源、欺诈其他社群成员、泄露社群内部信息等。

（5）长期不活跃。长期不说话、不参加活动也没有为社群付费的社群成员，也可以考虑劝退，以便吸纳更多积极参与活动的社群成员。

（6）价值观不契合。社群成员的价值观、行为方式与社群核心文化严重不符且无法调和，在这种情况下，为维护社群文化的纯正性，可以进行劝退。

（二）劝退成员的步骤

劝退不合适的社群成员应当采取一种既专业又人性化的处理方式，以确保过程平和且尊重他人。社群运营人员可以采取以下步骤来劝退不合适的社群成员。

（1）私下沟通。通过私信与需劝退的社群成员沟通，明确指出其行为不符合社群规则或文化，以及这些行为对社群产生的负面影响。在沟通时，要保持语气平和但立场坚定，同时强调社群规则的重要性，表达希望对方改正的想法（见图5-11）。

（2）提供具体事例。在沟通时，可以给出具体的事例，让社群成员明白自己具体是因为哪些言行而面临劝退，这有助于对方理解问题所在。

（3）给予改正机会。提供一次或几次改正的机会，明确告诉他们需要做出哪些改变以符合社群规则，同时设定一个明确的时间期限。

（4）正式警告。如果初次沟通后没有看到显著改进，可以发出正式警告，书面记录下来，并再次强调不改正的后果。在此过程中，要保持礼貌和尊重，确保对方认识到劝退决定的公正性。

（5）执行劝退决定。在给予足够机会和正式警告后，如果情况仍未改善，应果断执行劝退决定，可以直接移除社群成员、取消其访问权限等。需要注意，在发送劝退通知时要保持礼貌、温和的态度（见图5-12）。

图5-11 私下沟通

图5-12 发送劝退通知

（6）向社群其他成员说明情况。在合适的情况下，向社群其他成员简要说明情况，但不必透露个人细节，以实现透明化管理，同时重申社群规范的重要性。

行业点拨

劝退社群成员应当基于明确且已事先公布的社群规则，这样既能保证处理过程的公正性和客观性，也能减少社群成员间的误解和不满。如果决定进行劝退，应确保决策过程透明，可以由社群运营团队集体讨论决定，避免个人的主观判断成为唯一依据。

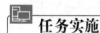 **任务实施**

任务演练1：设计核心成员成长计划

【任务目标】

为"库优健身联盟"社群设计核心成员成长计划，争取培养一批优质的核心成员。

【任务要求】

本次任务的具体要求如表5-6所示。

表5-6 任务要求

任务编号	任务名称	任务指导
（1）	挖掘潜在核心成员	互动监测与评估、内容贡献度排行榜、活动参与记录、外部影响力调查、社群意见收集
（2）	培养核心成员	身份标识与荣誉体系、管理权限与责任、奖励机制、内部成长平台、晋升与发展规划

【操作过程】

1. 挖掘潜在核心成员

挖掘潜在核心成员是设计核心成员成长计划的起点，可以为后续培养核心成员打下基础。小张打算从以下几个方面入手。

（1）互动监测与评估。追踪社群成员的互动频率与质量，每周筛选出频繁参与讨论、分享有益信息的社群成员。

（2）内容贡献度排行榜。建立内容贡献度排行榜，记录并奖励那些经常分享原创健身教程、健身饮食建议、成功案例等有价值的内容的社群成员。

（3）活动参与记录。设立活动参与档案，记录社群成员组织或积极参与社群活动的情况，同时特别关注那些能带动其他社群成员参与的社群成员。

（4）外部影响力调查。调查社群成员在社交媒体平台上的影响力，看是否有健身领域的达人。

（5）社群意见收集。每季度开展一次"我心中的健身之星"投票活动，让社群成员推举他们认为最具影响力和优秀的核心成员候选人。

2. 培养核心成员

一旦识别出潜在核心成员，下一步就是通过一系列策略来培养他们的相关能力，提升他们在社群中的地位和影响力。小张打算从以下几个方面入手。

（1）身份标识与荣誉体系。设计独特的徽章系统，为不同贡献度的社群成员授予徽章，如表 5-7 所示；在社群主页和公告中设立"荣誉殿堂"，展示核心成员的成就与贡献，提高他们的曝光度和社群内的声望。

表 5-7　　　　　　　　　　　徽章系统

徽章类型	授予对象	评定标准
健身导师徽章	授予那些在社群中积极分享健身知识、技巧和训练计划的社群成员。他们经常回答他人关于训练方法、动作纠正、训练规划等方面的问题，帮助他人制订个性化的健身计划，并以专业、科学的态度指导他人	发布的健身相关内容的数量、质量（可用获得的点赞、回复数量等判断）、原创性以及他人反馈
营养顾问徽章	经常在社群中分享营养知识、饮食计划、健康食谱的社群成员。他们能够根据他人的身体状况、健身目标提供个性化饮食建议，同时普及营养学知识	发布或分享的营养相关内容的质量与实用性，包括饮食计划的科学性、食谱的受欢迎程度、解答特定饮食问题的专业性等
挑战冠军徽章	积极参与社群内部举办的各类健身挑战活动，并在挑战中取得出色成绩、显著进步或在特定挑战中获胜的社群成员。他们通过实际行动激励他人，展现了坚持与毅力，是社群内健身精神的代表	参与挑战活动的频次、完成挑战的难度、在挑战期间取得的成果（如体重变化、体能提升等）

（2）管理权限与责任。选拔核心成员成为分区管理员，负责特定话题区域的内容维护和成员引导；授权核心成员策划并主持社群特色活动，如"健身挑战赛""营养讲座"等。

（3）奖励机制。实施积分奖励制度，根据核心成员的贡献为其兑换实物奖品、购物优惠券等；年终举办"库优之星"颁奖典礼，表彰表现卓越的核心成员，包括颁发证书、发放奖金及给予社群特权。

（4）内部成长平台。建立"核心成员成长圈"微信小群，定期邀请运动健身领域的专家开展讲座、分享活动等，为核心成员提供学习运动健身知识与技能的机会。

（5）晋升与发展规划。为其规划清晰的成长路径，如从"初级核心成员"到"高级核心成员"，再到"社群大使"，并提供升级奖励；提供个性化的职业发展规划咨询，帮助核心成员在健身行业内外探索更广阔的发展空间。

☕ 任务演练 2：激活不活跃的社群成员

【任务目标】

小松、明明、王璐以前是"库优健身联盟"社群的活跃成员，为社群提供了很多有价值的内容，发挥了很大作用。但最近这 3 人的活跃度明显下降，小张打算采用一定的措施激活这 3 名社群成员，使其重新关注并参与社群相关活动。

【任务要求】

本次任务要求首先了解这 3 名社群成员不活跃的原因，然后采用个性化的、有针对性的激活策略。

【操作过程】

小张回顾过去一段时间 3 名社群成员在社群中的参与记录，明确了他们的基本信息，以及曾经在社群中的活跃情况；然后在征得同意的前提下，对这 3 名社群成员进行一对一访谈，深入了解他们活跃度下降的原因。以此为基础，小张制定了相应的激活策略，如表 5-8 所示。

表 5-8　　　　　　　　　　　　　　　激活策略

成员	成员背景信息	活跃度下降原因	激活策略
小松	小松是一名有着 5 年健身经验的资深健身爱好者，自社群成立之初便是活跃成员之一。他热衷于分享自己的健身心得，特别是关于肌肉增长和有氧运动的技巧，经常在社群里解答其他社群成员的问题，深受其他社群成员的喜爱。但近几个月来，小松的参与度明显下降。他很少在社群中发言，不再主动分享健身经验	① 小松认为近来社群中的日常聊天充斥着大量与健身无关的话题 ② 近来有部分新成员不懂交流礼仪，用词不文雅、不礼貌，影响社群氛围	① 在社群中设立专门的专业讨论板块，鼓励社群成员分享和讨论有价值的健身知识和经验等，降低日常闲聊占比，提升社群的专业性 ② 查明有哪些社群成员存在交流不文雅、不礼貌的情况，然后私下与其沟通，劝导其改正言行，并把处理结果传达给小松，承诺将改善社群氛围
明明	明明是一名健身新手，自从加入社群以来，她经常在社群中提问，也乐于分享自己的学习心得和进步经历。此外，她还主动组织过几次新手见面会，帮助刚入门的社群成员们相互认识，共同进步。但近来，明明不再主动组织或参加社群活动，甚至在群中的发言都很少	① 明明表示自己感觉群里非官方的健身房广告有点多，商业气息浓厚，因此对社群的管理有点失望，希望社群回归初心，恢复最初的学习和交流氛围 ② 对社群内容的新鲜感消失，希望社群能多介绍新兴小众运动，如飞盘、腰旗橄榄球	① 加强对非官方广告的监控和管理，限制发布或清除此类广告 ② 制作一系列关于飞盘、腰旗橄榄球等新兴小众运动的专题内容，并提醒明明查看，体现对其意见的重视
王璐	王璐是一名营养学爱好者，加入社群主要是为了学习和分享营养与健身的相关知识。她曾积极参与社群的营养主题讨论，甚至组织过几次线上营养知识讲座。过去一个月，王璐的活跃度明显下降	王璐表示，最近工作繁忙、压力大，没有精力参与社群讨论	① 组织减压活动，如冥想、轻松瑜伽等，邀请王璐参加 ② 为王璐准备特别回归礼包，包括营养学知识小册子、专属的回归徽章

任务演练 3：劝退不守群规的社群成员

【任务目标】

在洲洲违规后与其沟通、给予警告，在洲洲继续违规时，将其劝退，以维护社群的良好秩序和氛围。

【任务要求】

本次任务要求根据洲洲的行为判定其违反的社群规则，然后使用平和、专业的语言与其沟通，给予警告，再将其劝退。

【操作过程】

（1）私下沟通提醒。在讨论中，洲洲与其他社群成员意见不合，情绪激动之下，对他人进行人身攻击。小张判定，该行为违反社群规则"不得发表攻击性、歧视性或误导性的言论"，随后通过私信的方式与其进行沟通，如图 5-13 所示。

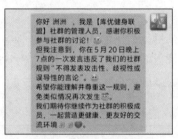

图 5-13 私信沟通

（2）执行劝退。由于洲洲不听警告，继续在社群中与他人吵架，并持续传播负面情绪，小张判断其对社群的发展造成不良影响，因此决定在通知对方后，将其移除群聊，如图 5-14 所示。

图 5-14 通知劝退

任务三　社群成员关系维护

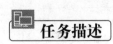

任务描述

老李提醒小张，仅仅从社群成员个体入手加强管理是不够的，社群是一个集体，需要成员间形成较强的联系、和谐相处，并且使新成员能快速融入，这才能增强社群的凝聚力。任务单如表 5-9 所示。

表 5-9   任务单

任务名称	社群成员关系维护	
任务背景	新成员入群后，由于缺少社群管理员引导，以及不清楚社群的实际情况，可能会感到迷茫、违反社群规则等，不能很好地融入社群。另外，除了部分老成员外，很多社群成员间并不熟悉，缺少深层次的情感联结，有时甚至还会爆发冲突	
任务类别	☐ 社群运营团队管理 ☐ 社群成员管理 ■ 社群成员关系维护	
工作任务		
任务内容	任务说明	
任务演练 1：设计新成员入群仪式	引导自我介绍、促进新成员参与互动、设置新人激励	
任务演练 2：处理社群成员间的冲突	介入要及时、处理要客观公正、沟通要讲究技巧	

任务总结：

一、引导新成员融入社群

新成员刚加入社群时，一方面对其他老成员比较陌生，另一方面不知道该如何在社群中发言，可能会选择保持沉默，久而久之，即便他们已经成为老成员，也不能产生归属感。因此，社群运营人员需要使用以下策略引导新成员快速融入社群。

（1）引导新成员自我介绍。鼓励新成员做自我介绍，并提供自我介绍模板，模板可以包括姓名（或昵称）、所在地区、职业、兴趣爱好、加入社群的期望或目的等（见图 5-15），这样既方便新成员进行自我介绍，也便于其他社群成员快速获取关键信息。

（2）集体欢迎新成员入群。由社群管理员或老成员带头欢迎，并引导其他社群成员一同表示欢迎，让新成员感受到社群的友好和热情。

（3）提供新手指南。准备一份新手指南，包括社群的基本信息、如何参与讨论、推荐的交流渠道、重要规则等，帮助新成员迅速了解社群。

（4）积极回应新成员的第一次发言。一旦新成员进行第一次发言，社群管理员或活跃成员应迅速回应。如果新成员提出了问题或分享了观点，应给予正面的反馈和鼓励。即使观点有所不同，也要保持尊重和礼貌的态度，如"这是一个有趣的观点，让我想到了……"。另外，还可以针对新成员的发言内容进行延伸或提问，以促进更深入的交流，如 "听起来你对电子乐很感兴趣，那你听过××的歌吗？"。

（5）引导新老成员互动。鼓励老成员主动与新成员互动，通过引荐介绍、邀请参加小组讨论等方式，促进新成员更快地与老成员建立联系，如告诉某个老成员，表明"新成员××对你周六要组织的活动很感兴趣，你们可以深入交流一下"。

（6）分配任务或角色。给新成员分配一些简单的小任务或角色，如参与某个话题的讨论（见图 5-16）、分享个人故事、协助整理资料等，让他们感到自己是社群不可或缺的一部分。

（7）建立导师制度。为新成员分配一名经验丰富的老成员作为导师，一对一解答疑问、提供指导，加速他们的成长和融入社群的过程。

（8）组织迎新活动。定期举办线上或线下的迎新活动，如见面会、问答活动、新手挑战赛等，为新老成员提供直接交流的机会，增进彼此的了解。

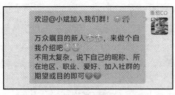 

图 5-15 引导新成员自我介绍　　　　　图 5-16 分配任务

（9）表彰和激励。对积极参与社群活动、为社群做出贡献的新成员给予表彰或奖励，如积分、徽章、特色头衔等，激励更多新成员主动融入社群。

二、加强社群成员间的情感联结

情感联结有助于社群成员之间的深度交流，让他们对社群产生强烈的归属感，从而提升社群的活跃度。加强社群成员间的情感联结可以采用以下方法。

（1）鼓励个人化分享。鼓励社群成员分享个人故事、经历或挑战，并倡导其他社群成员以共情的心态倾听和回应。这能增进社群成员间的相互了解，从而建立起基于信任的关系网。例如，设定每周一为"我的故事周一"，鼓励社群成员分享一个关于成长、克服困难或特别经历的小故事，并引导大家给出正面且有建设性的评论和反馈。

（2）组织互动更紧密的活动。组织小组讨论、搭档学习或共同完成任务等活动，缩小社群成员间的互动距离，促进更深入的、个性化的交流。

（3）庆祝生日与纪念日。在社群内引导所有社群成员庆祝某一社群成员的生日或其他重要纪念日，通过发送祝福或赠送礼物，拉近社群成员间的距离，如图 5-17 所示。

图 5-17 庆祝生日

（4）创建社群文化。社群文化能提供一套共享的价值观、语言、习惯和仪式，是社群成员间的情感和精神的黏合剂。创建社群文化的方式包括发明特定的打招呼方式、庆祝社群独有的节日（如社群成立纪念日，见图 5-18）、设计并提供社群专属的纪念品（如徽章、T 恤、帽子，见图 5-19）。

图 5-18　庆祝社群成立纪念日　　　　图 5-19　社群徽章、T 恤、帽子

（5）建立互助机制。通过社群互助基金（用于支持遇到困难的社群成员）、互助小组等方式，让社群成员在需要帮助时能够得到社群的支持，包括物质和情感方面的支持。

（6）鼓励共同创作。鼓励社群成员共同参与社群内容或项目的创作，如共同编写电子书、制作视频或策划活动，或组建项目小组并共同推进某个项目等，促使社群成员在协作过程中加深理解和信任。

三、社群冲突管理

社群是一个由不同背景、观点和需求的个体组成的集合体，冲突在所难免。公开的冲突如果不加以管理，可能会损害社群的外部形象，甚至可能导致极端行为产生或社群成员流失。及时介入并进行有效的社群冲突管理，可以防止小摩擦演变成大危机，保障社群的稳定发展。

（一）前期预防与识别

（1）制定明确规则。制定并明确社群的行为准则和争议解决流程，确保每个社群成员了解社群可接受的行为界限。

（2）促进正向沟通。营造开放、尊重、包容的社群氛围，鼓励社群成员以积极、建设性的方式交流。

（3）及时识别冲突苗头。实时关注社群讨论，及时发现冲突苗头，如情绪化的言论、误解或偏见性的表达。

（二）处理小冲突

很多情况下，社群内发生冲突的原因一般只是社群成员一时情绪失控，此时可以采取以下策略进行处理。

（1）转移话题。转移话题可以缓和紧张的气氛，避免冲突升级。新话题最好轻松、有吸引力和具备参与性，可以是趣味性话题，如"哎呀，看大家讨论得这么热烈，不如我们来放松一下吧！

大家最近有没有发现什么好玩的梗或者有趣的视频，分享一下"；也可以是关于未来规划的讨论，如"看大家都这么热情，我突然想到，我们社群下个月将迎来一周年纪念日，大家有没有什么好的庆祝活动建议或者想参与的主题讨论？让我们一起规划一下吧！"。

（2）鼓励私下解决。使用温和的语气鼓励涉事双方通过私下沟通的方式解决冲突，避免公开讨论可能带来的不良影响，如图 5-20 所示。

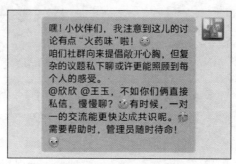

图 5-20　鼓励私下解决

（三）处理较大冲突

如果社群内的冲突吸引了较多社群成员的关注和参与，导致较高程度的情绪化反应（如语言攻击、人身攻击），持续数天乃至更长时间，并对社群整体氛围造成显著影响，那么此时社群冲突已经升级为较大冲突。对于这样的冲突，社群运营人员应该及时采取以下策略进行处理。

（1）及时响应。以中立身份介入，要迅速但不急躁，展现权威与平和并存的态度。通过私信或小范围会议，分别与涉事各方沟通，确保每个人的声音都被听到和理解。

（2）客观评估。在了解事件全貌之前，避免做出任何判断。在收集好所有相关证据后，包括聊天记录、旁人陈述等，再基于完整且准确的事实进行评估。

（3）深度对话。提供一个安静、受控的沟通环境，鼓励涉事各方分享个人感受和立场背后的原因，强调社群的共同目标和团队精神，引导涉事各方尝试换位思考，理解他人。

（4）明确规则与后果。清晰地向涉事各方重申社群的行为规范及违规的相应后果，确保每一方都清楚行为界限。对于有过错的一方，明确指出其行为的不当之处及其对社群环境的负面影响。

（5）倡导和解。鼓励有过错的一方诚恳道歉，展现出改正错误的诚意；同时，引导受到伤害的一方展现出宽容与谅解，使各方和解。

（6）鼓励正面行为。在冲突解决后，公开表扬那些在冲突过程中自控能力较强、积极调解或促进有效沟通的社群成员。

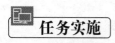
任务实施

任务演练 1：设计新成员入群仪式

【任务目标】

为"库优健身联盟"社群设计一套新成员入群欢迎仪式，确保新成员能够快速融入社群，增强其归属感。

【任务要求】

本次任务要求结合社群特性与健身主题，设计新成员入群仪式，涵盖自我介绍、社群互动与新人激励。

【操作过程】

（1）引导自我介绍。先设计自我介绍模板（见图 5-21），在新成员入群后，管理员发送模板并引导新成员完成自我介绍。

（2）集体欢迎新成员入群。管理员发布欢迎信息："热烈欢迎新朋友加入我们群！让我们一起用热烈的掌声欢迎新朋友吧！"然后引导老成员复制欢迎信息并@新成员，形成热烈的欢迎氛围。

（3）引荐介绍。管理员充当引荐人，主动将新成员介绍给社群中的活跃成员或有相似兴趣的成员，如图 5-22 所示。

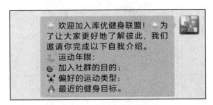

图 5-21　自我介绍模板

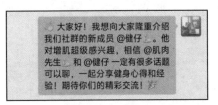

图 5-22　引荐介绍

（4）鼓励分享。鼓励新成员分享他们的健身目标，并引导老成员点评、给出建议、分享自身的经验或故事，以促进新老成员建立情感上的联系，如图 5-23 所示。

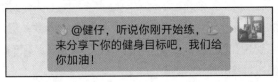

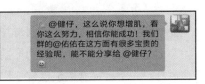

图 5-23　鼓励分享

（5）设立新人奖。对于积极参与社群互动的新成员，授予"新星奖"称号，并提供 10 积分作为奖励。

任务演练 2：处理社群成员间的冲突

【任务目标】

在"库优健身联盟"社群中，成员双双和晓利因各自持有不同意见，发生了一场较大的冲突，甚至引发了其他社群成员站队的情况，目前社群内气氛紧张，局面失控。要求妥善处理该冲突，维护社群秩序。

【任务要求】

本次任务要求及时介入社群冲突，了解清楚冲突发生的缘由，然后通过私下对话，引导双方相互理解，最终和解。

【操作过程】

（1）及时介入。小张及时"叫停"了争执，要求大家冷静，并明确通过私下沟通的方式解决冲突，如图 5-24 所示。

（2）了解情况。小张及时浏览了群内的聊天记录，并以中立身份与涉事双方单独沟通，总结冲突的缘起为：双双和晓利对高强度间歇训练（HIIT）和瑜伽的价值持有不同意见。最初，争执集中在两种运动方式的效果对比上，但随着讨论的深入，双方开始使用较为尖锐的言辞，指责对方缺乏专业知识和实践经验。虽然管理员和其他社群成员进行了劝解，但事态没有好转，双方转而对对方进行人身攻击。

（3）安排深度对话。小张安排了一场只有自己和两位当事人参加的小型语音会议（见图 5-25），提供了一个安静的沟通空间，让双方可以自由表达自己的感受和立场，同时强调社群的共同目标和相互尊重的重要性。

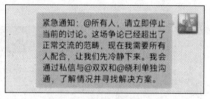

图 5-24　及时介入

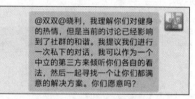

图 5-25　安排深度对话

（4）倡导相互理解。在深度对话中，小张指出，虽然每个人都有自身的偏好和观点，但重要的是保持尊重和理解，共同维护社群的和谐。接着，他提出了几个问题，帮助双方尝试理解对方的立场，如"双双，你觉得晓利为什么会如此看重瑜伽的价值？你能否从她的角度想一想？"。

（5）促成和解。在双方都意识到自身的问题后，小张鼓励双双和晓利向对方道歉，促成双方和解，如"双双、晓利，很高兴看到你们都展现出理解和反思的态度。现在我提议，你们互相向对方表达歉意，为所有社群成员提供一次解决冲突的正面示范"。

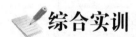综合实训

实训一　为 AI 交流社群搭建社群运营团队

实训目的：练习搭建社群运营团队，以巩固社群运营团队管理的相关知识。

实训要求：某 AI 交流社群旨在为 AI 领域的从业者、学习者、爱好者提供一个交流、学习和合作的平台。该社群由 AI 自媒体博主小宋创办，社群成员多是其账号粉丝，社群规模不大，没有资金用于聘请运营人才。请为该社群搭建社群运营团队，包括确定社群运营团队角色、设计社群运营团队沟通指南、设计社群运营团队人才挽留方案。

实训思路：本次实训的具体操作思路可参考图 5-26。

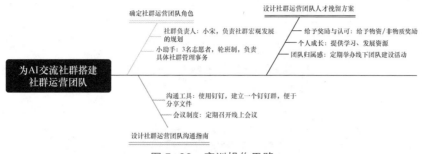

图 5-26　实训操作思路

实训结果：本次实训完成后确定的社群运营团队角色如图 5-27 所示，设计好的社群运营团队沟通指南和社群运营团队人才挽留方案如图 5-28 所示。

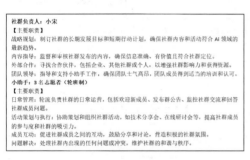

社群负责人：小宋

【主要职责】

战略规划：制订社群的长期发展目标和短期行动计划，确保社群内容和活动符合 AI 领域的最新趋势。

内容指导：监督和审核社群发布的内容，确保信息准确、有价值且符合社群定位。

外部合作：寻找合作伙伴，包括企业、其他社群或个人，以增强社群影响力和获得资源。

团队领导：指导和支持小助手工作，确保团队士气高昂，团队成员得到适当的培训和认可。

小助手：3 名志愿者（轮班制）

【主要职责】

日常管理：轮流负责社群的日常运营，包括欢迎新成员、发布群公告、监控社群交流和回答社群成员问题。

活动策划与执行：协助策划和组织社群活动，如技术分享会、在线研讨会等，提高社群成员的参与度和社群的吸引力。

成员互动：促进社群成员之间的互动，鼓励分享和讨论，营造积极的社群氛围。

问题解决：处理社群内出现的任何问题或冲突，维护社群的和谐与秩序。

图 5-27　社群运营团队角色

社群运营团队沟通指南

定期会议：小宋与小助手们应每周五举行线上会议，讨论社群运营状况，分享反馈，规划未来的活动和内容。

沟通工具：在钉钉中建立一个专门的工作群，以便快速沟通和文件共享。

社群运营团队人才挽留方案

奖励与认可：对表现出色的小助手给予公开表扬和适当的物质或非物质奖励，如 AI 相关专业书、社群内的特殊称号"社群之星"。

个人成长：提供学习和发展机会，包括参加 AI 相关行业会议、学习 AI 相关在线课程的机会等，帮助小助手提升专业技能和行业知识水平。

社群归属感：每月组织一次线下团队建设活动，如户外运动、聚餐等，增强团队凝聚力。

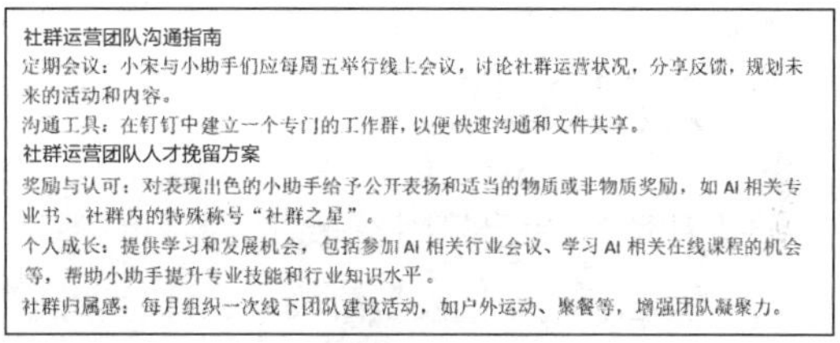

图 5-28　社群运营团队沟通指南和社群运营团队人才挽留方案

实训二　欢迎新成员入群并培养核心成员

实训目的：通过欢迎新成员入群并培养核心成员，巩固社群成员管理及关系维护的相关知识。

实训要求：AI 交流社群运营了一段时间，近期，社群迎来一批新成员，需要通过一系列措施帮助他们快速融入社群，同时需要挖掘并培养一批核心成员，让其在社群中发挥积极作用。

实训思路：本次实训的具体操作思路可参考图 5-29。

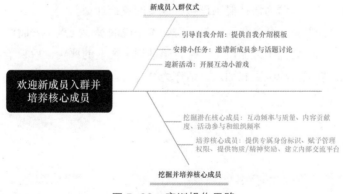

图 5-29　实训操作思路

实训结果：本次实训完成后的结果如图 5-30 所示。

> **一、挖掘潜在核心成员**
> **1. 互动频率与质量**
> 监测成员在社群中的活跃度，尤其是那些经常参与 AI 技术讨论、提问和解答的成员。
> 关注成员分享的内容的质量和原创性，识别对 AI 有深入理解的成员。
> **2. 内容贡献度**
> 创建内容贡献排行榜，记录并表彰分享 AI 研究论文、实战经验的成员。
> 分析成员的发言，识别哪些言论引发了热烈讨论或得到了高度评价。
> **3. 活动参与和组织频率**
> 观察谁积极参加或组织 AI 主题的社群活动，注意那些具有较强组织能力的成员。
> **二、培养核心成员**
> **1. 提供专属身份标识**
> 授予"AI 之星""技术导师"等称号，提高其在社群内的可见度和影响力。
> 在社群页面设立"荣誉榜"，展示核心成员的成就和贡献。
> **2. 赋予管理权限**
> 允许核心成员参与社群内容的审核，确保内容质量和合规性。
> 授权核心成员策划和组织 AI 相关的社群活动，发挥其领导力和创造力。
> **3. 提供物质/精神奖励**
> 设立"年度贡献奖"，给予现金红包、奖品或专业培训机会作为奖励。
> 在社群公告中公开表彰核心成员的成就，提升其荣誉感。
> **4. 建立内部交流平台**
> 创建仅对核心成员开放的小群，促进深度交流和资源共享。

图 5-30　实训操作结果

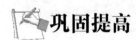

巩固提高

1. 社群运营团队中社群总监的具体职责有哪些？

2. 在社群的不同发展阶段，社群运营团队的组织架构会有怎样的变化？

3. 留住社群运营团队成员可以采取哪些具体措施？

4. 如何识别与挖掘社群中的潜在核心成员？

5. 培养与激励核心成员的策略有哪些？

6. 如何引导新成员快速融入社群？

7. 针对不守群规的社群成员，应如何进行有效沟通和处理？

8. 在某社群中，有一名成员频繁发布广告链接，并对其他社群成员的分享发表不尊重的评论，经友善提醒后，依然没有改正。假设你是社群管理员，请对其发出正式警告，并将其劝退。

9. "创艺无限"社群聚焦于创意产业，社群成员主要由创意工作者组成。社群的目标是促进创意交流，分析行业趋势，提高社群成员的技能水平，并为社群成员提供展示作品、获取反馈和建立职业关系网络的平台。请为该社群制订核心成员的成长计划。

10. 在某读书会社群中，两名资深成员因对一本小说的解读观点不一而产生了激烈的争论，争论的焦点从文学解读扩展到个人品位、教育背景甚至道德上的评判，后来争论逐渐演变成个人攻击，引发了其他社群成员的围观和加入。请作为社群管理员处理该冲突。

项目六
社群活动运营

学习目标

【知识目标】

1. 掌握社群活动策划与准备的相关知识。
2. 掌握社群活动执行的相关知识。
3. 掌握社群活动复盘以及活动结束后的宣传的相关知识。

【技能目标】

1. 能够策划一场有吸引力的社群活动，做到考虑周到、全面。
2. 能够做好社群活动的资源准备，并为活动预热。
3. 能够根据策划方案执行社群活动。
4. 能够全面地进行社群活动复盘。

【素养目标】

1. 在筹备与组织社群活动的过程中，积极发挥团队精神，增强自己的责任感。
2. 开展有内涵、高质量的社群活动，争取在社群活动中传播优秀文化，传达健康的社群价值观。

项目导读

社群活动是指在社群内部组织和开展的一系列有目的、有计划的活动，例如话题讨论活动、问答活动、见面会活动、户外健身活动等。通过共同参与社群活动，社群成员能够感受团队的温暖，加深彼此的了解和信任，增强对社群的认同感和归属感，从而提升社群的凝聚力。此外，社群活动是传递社群核心价值、文化理念的重要途径，可以强化社群成员的共同价值观，推动形成独特的社群文化。

"库优健身联盟"社群目前已经有一定的规模，社群活跃度也不错，但社群成员之间还不够熟悉，需要开展一场社群活动来加深社群成员之间的了解，使其关系更加紧密，进而增强社群的黏性。

 引导案例

小米粉丝社群同城会活动

小米粉丝社群同城会活动是小米粉丝社群在各大城市自行组织的活动，每场活动参与人数大约50人，其目的是让同一城市的"米粉"可以聚在一起交流。活动通常在公共场所举办，如咖啡厅、科技展览馆、公园或者租借的会议室等，便于"米粉"聚集且有足够空间进行各种互动。活动的内容多种多样，包括新品体验、产品使用技巧分享、互动游戏、知识竞赛、摄影比赛、故事分享等，有时活动组织者也会邀请小米官方代表或行业内的达人进行演讲，提供最新的产品资讯或技术讲解。

活动鼓励"米粉"开展社交互动，通过团队合作游戏、分组讨论等方式增进"米粉"之间的友谊，营造积极的社群氛围。此外，参与活动的"米粉"有机会赢取各种奖品，如小米手机、小米智能家居设备、小米周边产品等，这也是吸引"米粉"参与活动的重要因素之一。活动结束后，活动组织者会鼓励参与者通过社群、社交媒体平台分享活动照片、视频和心得感受，这既能回顾与宣传活动，还有助于小米树立良好的品牌形象。

点评：通过同城会活动，小米粉丝社群不仅展现了积极的社群文化，还增强了"米粉"的归属感和参与感，进一步提高了他们对小米及其产品的了解度和忠诚度。

任务一　社群活动策划与准备

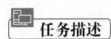 **任务描述**

老李嘱咐小张，社群活动的成败与其准备工作密切相关，让小张结合"库优健身联盟"社群的实际情况，对即将开展的社群活动做出周到、细致的规划与安排，确保活动顺利进行。任务单如表6-1所示。

表6-1　　　　　　　　　　　　　　　任务单

任务名称	社群活动策划与准备	
任务背景	"库优健身联盟"社群成员对运动健身活动十分感兴趣，且很多成员居住在北京，因此小张初步打算在北京开展一场集体健身活动。此类活动的举办相对复杂，需要充分策划，准备好各类活动资源	
任务类别	■ 社群活动策划与准备　　□ 社群活动执行　　□ 社群活动复盘与宣传	
工作任务		
任务内容	**任务说明**	
任务演练1：策划社群活动	确定社群活动的整体规划、环节、预算、风险预案	
任务演练2：准备活动资源并布置场地	① 根据活动的实际情况准备所需的资源 ② 经费有限，场地布置应简单实用	
任务演练3：使用AI工具写作活动宣传文案并制作活动宣传海报	使用通义写作活动宣传文案，使用凡科快图制作活动宣传海报	
任务演练4：使用接龙工具统计报名成员	使用微信群自带的接龙工具	

任务总结：

一、明确活动目标

明确活动目标可以帮助社群运营人员集中利用有限的资源，提高效率与执行力，更有针对性地设计活动内容、形式和流程。通常来说，举办社群活动的目标有以下几种。

（1）活跃社群氛围。通过举办游戏、猜谜、问答等趣味性和互动性强的活动，可以有效提升社群的活跃度，营造良好的社群氛围，使社群成员更加积极地参与讨论和互动。

（2）增强成员黏性。定期开展社群活动能让社群成员感受到归属感，提高他们对社群的依赖度和忠诚度，从而促进其长期留存。例如，某社群设立"会员日"，每月6日举办会员活动，包括会员8折购、购物享双倍积分等，让社群成员感受到被重视和认可，从而增加其对社群的情感投入。

（3）促进转化。社群活动也可以作为促销或营销的一种形式，通过价格优惠、专属折扣、积分兑换等方式，直接或间接地推动产品购买、服务订阅或内容付费等转化行为产生。

（4）品牌建设与传播。精心策划的社群活动能展现品牌个性，传递品牌价值观，树立良好的品牌形象，同时通过社群成员分享，提高品牌在社交媒体平台和其他平台上的曝光度。例如，某环保家居品牌社群发起环保公益活动，鼓励社群成员参与，并通过社交媒体平台分享活动照片，展现品牌的社会责任感，提升品牌形象，同时借助社群成员的自发传播扩大品牌的正面影响，吸引志同道合的用户加入社群。

（5）增加社群成员数量。利用社群活动吸引新成员，如宣传只有加入社群才能参与活动，以有效增加社群成员的数量。

二、确定活动的主题和形式

明确的活动主题和形式可以为活动的筹备、执行提供清晰方向，从而确保活动顺利进行。

（一）确定活动主题需注意的要点

确定社群活动主题时，需要注意以下几个要点，以确保活动既能吸引社群成员参与，又能有效达成社群活动目标。

（1）相关性。活动主题应与社群的核心价值观、成员兴趣和社群定位密切相关，能够激发社群成员的参与积极性。例如，某宠物爱好者社群举办的活动"萌宠才艺秀"，鼓励宠物主人上传自家宠物的才艺视频，如特殊技能表演、可爱瞬间捕捉等，并在社群内投票评选"最佳才艺奖"。

（2）互动性。活动主题要能够促进社群成员之间或社群成员与社群运营人员之间的互动，以提高社群的活跃度。

（3）新颖性与创意。活动主题要新颖、独特，以及具有创意，避免与同类社群活动主题或以往的社群活动主题雷同，从而提升活动对社群成员的吸引力。例如，某美食社群的活动主题为"盲盒食谱挑战"，让每个参与的社群成员利用未知食材和神秘食谱，在限定时间内完成一道创意料理，并分享制作过程和展示成品。

（4）时效性。社群运营人员应考虑结合当下热点、节假日、纪念日等确定活动主题，以提高活动的关注度和讨论度。例如，读书社群可以在高考作文题目公布后，开展相关线上讨论或创作比赛等活动，利用高考的热度吸引社群成员参与。

（5）参与门槛。确保活动主题对大多数社群成员来说是易于理解和参与的，避免过于专业或小众。

（6）可行性。评估活动主题的可行性，包括资金、人力、技术等条件是否允许。例如，在预算有限的情况下，某摄影社群举办了主题为"线上摄影晒图赛"的活动，为参赛者提供社群荣誉称号以及明信片等小奖品，活动花销非常低。

（二）活动形式

社群活动的形式多种多样，社群运营人员需要根据社群定位、社群成员需求和活动主题进行选择。常见的社群活动形式如下。

（1）研讨会。邀请行业专家或内部讲师围绕特定主题分享知识，社群成员可以自由发表观点、进行提问和回答，这种形式适合学习型社群。例如，某文艺爱好者社群举办读书会/观影会，社群成员共同阅读一本书或观看一部电影后进行讨论，通过分享个人见解，加深社群成员间的精神交流。

（2）挑战赛/竞赛。设置特定任务或挑战，如健身挑战、连续30天阅读挑战、短篇小说写作挑战等，社群成员参与后分享成果，通过投票或评审选出优胜者，从而增强社群成员的参与感和竞争性。这种形式广泛适用于各类社群。

（3）公益慈善活动。组织社群成员共同参与捐款捐物、社区服务、环境保护等公益活动，传递正能量，增强社群成员的社会责任感。

（4）茶话会。茶话会通常在较为私密或舒适的场所，如咖啡馆角落、茶室包间等举办，是面对面的、非正式的交流活动（见图6-1），氛围轻松自然，能促进社群成员间的深度交流，增进情感联系。

（5）户外活动。户外活动形式多样，包括徒步、集体骑行、足球、飞盘、拓展训练（见图6-2）等，不仅能够促进身心健康，还能加强社群成员间的互动与团队协作。这种形式适合各类社群，尤其是运动类社群。

（6）文化体验活动。社群可以组织社群成员参与文化体验活动，包括手工艺体验（如陶艺制作）、庆祝传统节日（如中秋节制作月饼、端午节包粽子），通过亲身体验、学习和互动，深入了解和欣赏特定的文化传统、艺术形式或生活方式，丰富社群成员的精神世界。

图6-1　茶话会

图6-2　拓展训练

三、设计活动环节

不同社群活动可以设计不同的环节，但总的来说，一场社群活动通常包括开场、主体、互动、收尾4个环节。

（1）开场环节。开场环节要吸引注意力，奠定活动基调，明确活动规则和流程，可以安排主持人或社群管理者先简要介绍活动，再开展暖场游戏，活跃活动氛围。开场环节用时不宜过长，一般占活动总时长的10%～15%，如一个2小时的活动，开场环节的时间在12～18分钟为宜。

（2）主体环节。主体环节作为社群活动的关键部分，承载着活动的核心价值和主要内容。具体内容需要根据活动目标和主题来安排，可以是嘉宾演讲、比赛（如足球比赛）、动手实操（如包粽子）等。主体环节应当有充足的时间，用时一般占总时长的60%～70%，如一个2小时的活动，主体环节的时间在72～84分钟为宜。

（3）互动环节。互动环节的主要作用是增强社群成员间的连接，增强社群成员参与感。互动环节可以安排问答、投票、小组讨论等活动。互动环节的时间不能过短，同时要避免拖沓，建议时长为总时长的10%～15%，如一个2小时的活动，互动环节的时间在12～18分钟为宜。

（4）收尾环节。收尾环节比较简单，可以安排主持人简要回顾活动亮点，感谢社群成员的参与，并预告下一次活动。收尾环节的时间占总时长的5%～10%为宜，如一个2小时的活动，收尾环节在6～12分钟为宜。

图6-3所示为某研讨会的环节与相应时间安排。

环节	内容描述	预计时长
开场环节	主持人开场，介绍活动背景、嘉宾信息、活动流程，奠定活动基调 强调活动规则，如非互动环节禁言、提问方式等	6分钟
主体环节	嘉宾开始分享，按照事先准备的提纲逐一展开，可结合 PPT、视频等辅助材料	36分钟
互动环节	开放观众提问，可以通过聊天室、举手功能提出问题，主持人筛选并向嘉宾提出问题，嘉宾回答问题时要简洁明了，必要时深入解释	9分钟
收尾环节	嘉宾简要回顾分享要点，提出后续的行动建议或推荐延伸学习资源 主持人总结活动，感谢嘉宾与参与者，预告下次活动或社群其他动态	6分钟
总时长 60 分钟（含 3 分钟机动时间，用于处理技术问题、时间调整、临时安排）		

图6-3　某研讨会的环节与相应时间安排

🕐 **行业点拨**

以上时间分配比例不是固定的，具体应结合活动的整体时长、内容的复杂度、参与者的注意力集中度以及活动目标等因素灵活安排，总体原则是确保活动过程紧凑但不过于紧张，同时保证参与者有良好的体验和收获。此外，还应适当预留一定的机动时间（建议为总时长的5%）应对技术问题、嘉宾迟到等不确定因素，以保证活动顺利进行。

四、确定活动预算

确定活动预算是确保活动成功举办的基石，它要求社群运营人员细致规划、合理分配资源，并在预算范围内使活动效果最优化。

（1）列出费用项目。根据活动的规模、形式列出所有费用项目，常见的费用项目及明细如表 6-2 所示。

表 6-2　　　　　　　　　　社群活动常见的费用项目及明细

费用项目	费用明细
场地/设备费用	对于线下活动，需要考虑场地租赁费用、布置费用，以及音响、投影设备的租赁费用
嘉宾费用	嘉宾的酬劳、差旅费用（线下活动）
宣传费用	设计费用、社交媒体广告费用、合作宣传费用
物料费用	宣传册、活动手册、纪念品、装饰品等的制作费用
餐饮费用	部分活动可能涉及茶歇、午餐或晚餐等费用
保险费用	对于大型活动，可能需要购买公共责任险等
紧急备用金	一般占总预算的 5%～10%，用于应对意外支出

（2）估算成本。通过获取供应商报价、参考以往类似活动的实际花费等方式，预估每个项目的具体金额。

（3）制作预算表。预算表应详细列出每一项，包括预计费用、实际费用、备注等。图 6-4 所示为某大型线下见面会的预算表。

预算项目	项目说明	预计费用 / 元	实际费用 / 元	备注
场地费用	活动场地租赁	3000		包括布置费用
设备费用	音响、投影、直播设备租赁	1500		
嘉宾费用	讲师酬金及差旅费用	5000		包括交通、住宿费用
宣传费用	海报、社交媒体广告	1000		
物料费用	宣传册、横幅、纪念品	2000		
餐饮费用	午餐、茶歇	2500		
保险费用	公共责任险	500		根据活动规模确定
紧急备用金	预留资金	1000		一般为总预算的 5%～10%
总计		16500		

图 6-4　某大型线下见面会的预算表

⏰**行业点拨**

　　如果社群活动需要使用社群公共资金，应该确保预算的透明性，定期分享预算概况，保障社群成员的知情权。在预算紧张时，应优先保障核心活动项目的支出，如嘉宾邀请、场地租赁等，必要时可以通过外部赞助、合作伙伴资源共享等途径，减轻财务负担。

五、制定活动风险预案

　　制定活动风险预案能帮助社群运营人员有效应对突发状况，减少社群活动负面影响。表 6-3 所示为社群活动常见风险及其应对策略。

表 6-3　　　　　　　　　　　社群活动常见风险及其应对策略

风险类别	风险描述	应对策略
技术故障	直播平台崩溃、设备故障	① 配备备用直播平台和设备 ② 现场或远程 IT 支持随时待命 ③ 活动前进行全面技术彩排
人员健康安全	参与者或工作人员身体不适	① 现场配备急救包，明确紧急联系方式 ② 工作人员接受基本急救知识培训
天气变化	户外活动受恶劣天气影响	① 制定详细的天气应急预案 ② 提前 24～48 小时发布天气更新及活动调整通知 ③ 准备室内场地作为备选场地
参与度低	报名人数低于预期或现场参与度低	① 加强前期宣传，利用社群影响力吸引社群成员参与 ② 设计互动环节，如现场问答、抽奖 ③ 提供签到礼，增加到场参与活动的吸引力
信息泄露	参与者信息保护不当	① 制定隐私政策并严格遵守 ② 尽可能少地收集参与者信息，确保信息加密存储 ③ 定期对工作人员开展信息保护的培训
法律风险	版权问题、未经许可举办活动	① 事先获取所有活动材料的使用授权 ② 向相关部门申请必要的活动许可 ③ 咨询法律顾问，确保活动全程合法合规
财务风险	超出预算、赞助商撤资	① 设立预算缓冲区，预留 10%～15% 的意外支出 ② 寻求多元化资金来源，例如寻找多个赞助商 ③ 定期审计财务状况，及时调整预算分配

六、准备活动资源

准备社群活动资源是一个系统性的工程，涉及工作人员和物资的准备两方面。

（一）工作人员准备

社群活动的开展离不开工作人员的支持，这涉及工作人员的分工、招募、培训等多个方面。

（1）明确角色需求与职责划分。根据活动规模和性质，确定活动所需的角色类型（如活动策划人员、宣传推广人员、现场执行人员、技术支持人员、客户服务人员等）和数量；明确每个角色的职责，如活动策划人员需要负责活动创意、流程安排，宣传推广人员负责制定与执行线上或线下宣传策略等。

（2）招募工作人员。首先可以从社群内部挖掘潜力成员扮演相关角色，他们对社群文化较为了解，能够更好地传达社群价值观；如有需要，可对外招募志愿者或临时工作人员，通过社群公告、社交媒体平台发布招募信息。对于专业性强的岗位，可以考虑聘请外部专业人士，如摄影师、主持人等。

（3）培训与沟通。活动开始前进行培训，让工作成员了解活动整体计划、各自的任务分配、紧急应对措施等；强调团队协作与沟通的重要性，确保每个工作成员都清楚活动目标、时间安排及对接人的联络方式。

（4）任务分配与进度监控。为每个工作成员分配任务，并跟踪其工作进度，确保每个环节按计划推进。同时定期召开团队会议，以监控工作进度、解决问题，以及灵活调整计划。必要时可以制作活动筹备安排表（示例见图 6-5），列出所有需完成的任务，明确每项任务对应的责任人/团队及完成时间点。

序号	任务描述	责任人/团队	完成时间点
1	确定活动目的、主题与形式	活动策划组（李华）	2024 年 5 月 10 日
2	设计活动海报与宣传文案	宣传推广组（张涛）	2024 年 5 月 15 日
3	在社群内发布活动预告信息	宣传推广组（张涛）	2024 年 5 月 17 日
4	招募志愿者与工作人员	人力资源组（王敏）	2024 年 5 月 18 日至 5 月 20 日
5	志愿者与工作人员培训	人力资源组（王敏）	2024 年 5 月 22 日
6	场地预订与布置方案制定	现场执行组（赵刚）	2024 年 5 月 23 日
7	物资采购（如音响、道具等）	物资筹备组（刘丽）	2024 年 5 月 25 日至 5 月 27 日
8	线上宣传（社交媒体、邮件等）	宣传推广组（张涛）	2024 年 5 月 28 日至 6 月 1 日
9	活动前最后一次现场检查	现场执行组（赵刚）	2024 年 6 月 2 日
10	活动签到与接待工作准备	客户服务组（陈婷）	2024 年 6 月 3 日（活动当天）
11	活动现场流程执行与协调	现场执行组（赵刚）	2024 年 6 月 3 日（活动当天）
12	活动现场技术支持（如直播）	技术支持组（周明）	2024 年 6 月 3 日（活动当天）
13	活动结束后的清理与收尾工作	现场执行组（赵刚）	2024 年 6 月 3 日（活动结束后）
14	活动效果评估与总结报告	活动策划组（李华）	2024 年 6 月 5 日至 6 月 7 日

图 6-5　活动筹备安排表示例

素养课堂

在筹备社群活动的过程中，工作人员应将自己视为团队不可分割的一部分，意识到自己的行为将直接影响团队的整体表现，要将团队利益置于个人利益之上。遇到分歧时，要相互理解、耐心倾听，保持包容的心态，愿意接受不同的意见和批评。同时，培养强烈的责任感，对自身的工作负责。

（二）物资准备

社群活动的物资准备主要为准备活动的实际操作与现场布置所需的各种资源，具体包括以下方面。

（1）场地。根据活动性质和规模预订合适的场地。对于通过线上平台开展的活动，应选择能够承载预期参与人数的线上平台，确保视频画质和音质清晰流畅。对于线下开展的活动，应确保活动场地空间足够、环境适宜，可以租赁会议厅、酒店宴会厅、社区活动中心（见图 6-6）、艺术馆等场地，也可以与咖啡馆、书店等商业场所合作；选好场地后要按照活动主题和调性进行适当布置，包括布置舞台、座位、指示标识等。

图 6-6　社区活动中心

（2）技术设备。确保计算机能正常联网并保持网络稳定；确保音响系统声音清晰，满足音乐播放、演讲等需求。若需要为 PPT 演示、视频播放提供良好的视觉体验，还可以准备投影仪、大屏幕等。

（3）活动物料。准备活动物料，包括活动背板（见图 6-7）、横幅、海报、签到台、名牌、桌椅、遮阳帐篷（开展户外活动时）、指示牌等；办公用品，如笔、纸、记事本、白板、记号笔等；装饰材料，如气球、彩带、鲜花等。

图 6-7　活动背板

（4）餐饮服务。根据活动时长和性质，准备茶歇点心、午餐、晚餐等。

（5）安全与卫生用品。准备急救包、消防器材，以及足够的垃圾桶和清洁用品。

（6）资金。开展社群活动往往需要一定的资金，活动资金可以由社群运营方提供，也可以来源于社群成员众筹、门票收入（部分社群活动需付费参与）、外部赞助商、政府提供的活动补助金或基金。

此外，还可以利用社群内部资源，如社群成员的专业技能（设计、摄影等），降低外包成本。

七、活动预热

在活动开始前进行预热有助于激发社群内外部人员的兴趣，营造期待感，提高社群活动的关注度和参与度。社群活动预热可以采用以下方法。

（1）发布倒计时海报和预告视频。在活动开始前的一段时间内，每天或每周发布倒计时海报或预告视频，逐步透露活动亮点、日程安排等，营造紧张感和期待感。

（2）幕后宣传。通过展现筹备活动过程中的幕后故事、花絮或往届活动的精彩回顾，吸引社群成员的关注。

（3）嘉宾介绍。提前介绍活动嘉宾的信息（见图6-8），甚至可以通过直播访谈等形式，让社群成员提前感受嘉宾的魅力，增加活动的吸引力。

（4）社交媒体宣传。利用微博、微信、抖音、小红书等社交媒体平台，发布活动预告信息（见图6-9），并鼓励社群成员转发、评论、点赞，增强活动的影响力。

（5）合作伙伴联合宣传。与相关品牌或媒体合作，通过互推、发布联合海报、嘉宾互访等方式，拓宽宣传渠道，触达更广泛的人群。

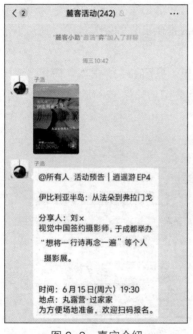

图6-8　嘉宾介绍

图6-9　社交媒体宣传

任务实施

任务演练1：策划社群活动

【任务目标】

策划"库优健身联盟"社群活动，为后续的活动开展奠定基础。

【任务要求】

本次任务的具体要求如表6-4所示。

表6-4　　　　　　　　　　　　　　　　　　　　　任务要求

任务编号	任务名称	任务指导
（1）	明确活动整体规划	结合活动目标、品牌及社群定位和社群成员的需求，确定活动主题、形式、时间、地点和规模
（2）	设计活动环节	根据活动主题、形式进行设计，不宜过于复杂
（3）	确定活动预算	考虑场地租赁、奖品采购、宣传物料制作等费用，确定合理的预算
（4）	制定活动风险预案	包括技术故障、运动安全等应急处理方案

【操作过程】

1. 明确活动整体规划

小张综合分析各方面的因素，确定了活动的整体规划，如表6-5所示。

表6-5　　　　　　　　　　　　　　　　　　　　活动的整体规划

项目	结果	原因
活动主题	健康新风尚，一起来跳团操	倡导健康与品牌核心理念紧密相连，也与社群价值观、成员需求（形成更加健康的生活方式）高度契合
		团操是近来流行的、深受社群成员欢迎的运动方式，且具有参与感；"一起来跳团操"强调的是社群成员的共同参与和集体行动，能够激发社群成员的归属感和团队精神，有助于活动目标的达成
活动形式	线下跳团操与直播互动	线下跳团操提供面对面的交流机会，可以让参与者获得更真实、直接的体验；直播互动不受地域限制，可以吸引其他地区的社群成员感受现场氛围
活动时间	2024年6月6日 14:00—16:00	安排在周日下午，方便社群成员参加；活动时长为2小时，既能保证参与者体验完整的团操课，又不至于过度疲劳、精力不足
活动地点	北京市中心××健身房	交通方便，便于前往
活动规模	参与者10~20人	可以较好地平衡个体关注度与集体氛围，并确保每个参与者有足够的活动空间

2. 设计活动环节

小张认为，跳团操活动重在运动本身，因此可以将主要时间用于开展团操课，同时为加深线下参与者的相互了解，活动开场时应加入自我介绍、破冰游戏等环节，团操课中间可以穿插休息互动环节。最终设计好的活动流程如表6-6所示。

表6-6　　　　　　　　　　　　　　　　　　　　　活动流程

活动环节	活动时间	活动内容
开场与热身	15分钟	主持人进行简短的开场介绍，并组织线下参与者进行自我介绍、参与破冰游戏，随后由健身教练带领参与者进行热身
团操直播课	75分钟	基础团操课，分段进行，每段课程内容前简短介绍动作要点。鼓励线上成员通过直播跟随教练一起学习，并在社群内参与互动
休息与互动	15分钟	中间穿插休息时间，播放预先准备的品牌故事视频，同时开展互动问答，由健身教练回答社群成员关于健康、饮食或运动的问题，发放互动奖品，活跃气氛
活动收尾	10分钟	回顾当天的精彩瞬间，邀请几个活跃的参与者分享感受，群主简短总结活动
机动时间	5分钟	处理技术问题或意外情况，灵活安排

3. 确定活动预算

该活动内容以运动为主，场地布置、餐饮等方面几乎不涉及花销，主要费用是场地费用和健身教练的课时费，此外还包括一些宣传物料、奖品与互动物资的费用。小张制作的活动预算表如表 6-7 所示。

表 6-7　　　　　　　　　　　　活动预算表

项目	费用/元	备注
场地费用	800	健身房团操房租赁，2 小时
健身教练课时费	500	1 小时教学与互动
宣传物料	300	海报、横幅、宣传册等
奖品与互动物资	200	互动问答奖品、纪念品、饮用水等
意外准备金	200	将总预算的 10%作为不可预见费用
总预算	2000	

4. 制定活动风险预案

该活动属于室内集体活动，主要的风险涉及技术故障、运动安全等方面，相关的风险预案如表 6-8 所示。

表 6-8　　　　　　　　　　　　活动风险预案

风险类型	风险描述	应对措施
技术故障	直播设备或健身房音响系统故障，影响活动体验	① 准备备用直播设备和音响设备，一旦出现故障立即更换 ② 与专业技术人员保持联系，使其快速响应并解决技术问题
参与度低	参与者报名人数低于预期，活动氛围不热烈	① 提前加大宣传力度，通过社群内外多渠道进行推广 ② 加强运动氛围营造，嘱咐健身教练加强现场引导
运动安全	参与者的运动损伤风险	强调热身与拉伸的重要性，让健身教练指导其正确完成动作，降低运动损伤的概率
负面体验反馈	活动体验不佳，如音乐音量不适、灯光过暗等，导致参与者不满	① 提前进行现场测试，根据反馈进行调整 ② 设立反馈渠道，及时响应并解决参与者提出的问题

任务演练 2：准备活动资源并布置场地

【任务目标】

根据社群活动的前期策划，准备人力、物力、财力方面的活动资源，并布置活动场地，为开展社群活动做好充分准备。

【任务要求】

本次任务的具体要求如表 6-9 所示。

表 6-9　　　　　　　　　　　　　　　　　　任务要求

任务编号	任务名称	任务指导
（1）	准备人力资源	组建团队、培训与沟通、制作活动筹备安排表
（2）	准备物力资源	确定活动场地、准备活动物资
（3）	准备财力资源	筹集活动资金
（4）	布置活动场地	根据场地实际情况以及活动需求布置

【操作过程】

1. 准备人力资源

（1）组建团队。小张认为，该活动的形式、筹备工作并不复杂，很多筹备事务不需要同时进行，因此可以一人身兼多职，人员分工不需要太细。至于组建团队，小张召集了社群现有的管理员，还招募了几名活跃社群成员作为志愿者。最终的团队组建情况如表 6-10 所示。

表 6-10　　　　　　　　　　　　　　　　　　团队组建情况

人员分类	人员数量	职责概述	人员来源
策划宣传组	2 人	负责活动的整体规划与活动流程设计；健身教练对接与沟通；制定并执行宣传策略；宣传海报的制作与发布；引导活动参与者互动	小张（组长）和社群管理员小宋
现场执行组	5 人	现场布置与装饰；音响灯光与直播设备的调试；负责参与者签到与现场指引，活动现场秩序维护与安全管理；现场紧急情况应对；提供现场服务；技术支持，确保直播顺畅与音视频质量	社群管理员小刘（组长）、通过社群公告征集的活跃社群成员

（2）培训与沟通。组织活动筹备会议，介绍活动目标、流程、安全须知及个人职责。建立微信群，便于日常沟通和紧急协调。

（3）制作活动筹备安排表。小张按照活动筹备的时间顺序，明确了所有应完成的工作，并明确了每一项任务的负责团队/成员。活动筹备安排表如表 6-11 所示。

表 6-11　　　　　　　　　　　　　　　　　　活动筹备安排表

时间	任务内容	负责团队/成员
5 月 15 日	发布活动筹备团队招募公告	策划宣传组
5 月 16 日	组织线上筹备会议，明确分工与职责	团队全体成员
5 月 17 日—20 日	建立活动筹备微信群，完成团队成员之间的初次沟通与资料共享	团队全体成员
5 月 21 日—30 日	制订宣传计划与内容策略；在社交媒体平台、社群等渠道发布宣传内容	策划宣传组
5 月 25 日	确定合作健身房，与健身教练签订合作协议	策划宣传组
6 月 1 日—5 日	制作详细物资清单；与场地负责人沟通布置细节	现场执行组
6 月 5 日	开展活动准备会议，确认活动流程无误，并分配活动当天的具体任务，发放活动时间表	团队全体成员
6 月 6 日上午	完成场地布置与装饰；技术设备安装与调试，并确认所有设备运行正常	现场执行组

2. 准备物力资源

（1）确定活动场地。小张与活动筹备团队相关人员经过考察和商量，选择北京市中心××健身房的大型团操房作为活动场地，确保场地空间足够容纳参与者。对于线上直播，小张使用手机，通过微信视频号平台进行直播，便于将直播转发到微信群。

（2）准备活动物资。小张与活动筹备团队相关人员定制了活动背板（上面印有活动主题与社群 Logo），以及印有活动主题的横幅，此外还准备了签到台、签到用品、瓶装水、急救箱。

3. 准备财力资源

小张根据此前确定的活动预算表进行资金筹集。库优品牌提供 1000 元活动经费；某运动饮品品牌作为赞助商，提供两箱运动饮品；剩余部分发起社群众筹，参与众筹者可以获得小额赞助回馈，包括库优品牌的护膝、运动袜等产品。

4. 布置活动场地

活动场地是团操房，属于室内空间，布置不需要太花哨、复杂，可以在墙壁上挂横幅，布置一些气球或张贴运动相关的图案，在团操房门口设置大型活动背板，并划分一个休息区，配备座椅、饮水站。

🍵 任务演练 3：使用 AI 工具写作活动宣传文案并制作活动宣传海报

【任务目标】

使用 AI 工具写作活动宣传文案，利用设计网站制作活动宣传海报，以便后续发布相应的宣传内容，为活动预热。

【任务要求】

本次任务的具体要求如表 6-12 所示。

表 6-12　　　　　　　　　　　　　　　　　任务要求

任务编号	任务名称	任务指导
（1）	写作活动宣传文案	使用通义写作，提供写作情景、活动信息、写作要求
（2）	制作活动宣传海报	在凡科快图中选择海报模板，然后基于海报文案，修改模板中的内容

【操作过程】

1. 写作活动宣传文案

向通义提供写作情景、活动信息和写作要求。活动信息要全面、具体，包括活动名称、亮点、时间、地点、报名方式等；写作要求要包括主标题、副标题和详细描述，并说明各部分的作用和特点，如图 6-10 所示。通义会根据这些信息生成活动宣传文案，如图 6-11 所示。对生成的活动宣传文案进行优化，将其中表述夸张的"专业教练领航，零基础学员变身团操达人"修改为"专业指导，零基础学员也能'嗨翻天'"。

库优品牌粉丝社群【库优健身联盟】要开展"健康新风尚，一起来跳团操"社群活动，现需要为写作活动宣传海报文案。
活动信息要点：
活动名称："健康新风尚，一起来跳团操"。
活动亮点：集体活动的趣味性、专业健身教练指导、对健康生活方式的倡导。
时间与地点：具体日期（2024年6月6日）、时间（下午14:00 — 16:00）、地点（北京市中心××健身房）。
报名方式：入群参与群接龙。
写作要求：
活动宣传文案应包括主标题、副标题和详细描述，主标题只需要几个字，目标是吸引眼球。副标题补充说明活动主题，不能太长，详细描述介绍活动流程、时间、地点、报名方式等信息。用语要精练，优先使用词组、短句等，体现重点即可，不必面面俱到。

图 6-10　提供写作情景、活动信息和写作要求

主标题：跃动盛夏，团操盛宴！
副标题：库优粉丝社群活动 —— 6月6日，团操激情联动！
详细描述：
时间：2024年6月6日 14:00 — 16:00
地点：北京市中心××健身房
行动：私信@小娜，火速报名！
一起，让生活更燃！
减脂解压，释放真我能量！
专业教练领航，零基础学员变身团操达人。
健康社群，共筑美好生活方式！
现场惊喜奖品，等你来拿！
6月6日，不见不散！

图 6-11　通义生成的活动宣传文案

2. 制作活动宣传海报

可借助在线设计平台制作活动宣传海报，先在平台中选择模板，然后修改其中的图片、文字、颜色，具体步骤如下。

微课视频

制作海报

（1）选择模板。进入凡科快图首页，单击"开始免费作图"按钮，在打开页面的搜索栏中输入"运动"，按【Enter】键，在打开页面的"类型"栏中选择"长图海报"选项，在"价格"栏中选择"免费"选项，然后在搜索结果列表中选择一个模板，如图 6-12 所示。

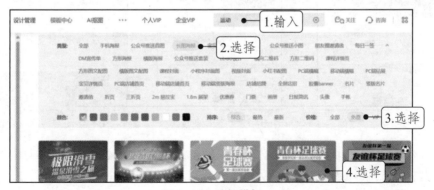

图 6-12　选择模板

（2）替换模板中的图片。双击模板中的踢球少年的图片，在打开的左侧列表中选择"系统素材"下的"免抠素材"选项，在右上角的搜索栏中搜索"健身"，在出现的插图中选择合适的素材，如图 6-13 所示。返回模板编辑页面，可以看到素材已经显示在模板中，单击素材左上角的"√"按钮。

图 6-13 选择素材

（3）修改文字和颜色。根据之前写好的文案，修改模板中的文字。单击模板边缘，选中整个模板，单击右侧列表中的"图片填充色"按钮，单击下方出现的"颜色"按钮，在打开的窗格中将颜色设置为"#64B5F6"，如图 6-14 所示。选择标题下方的绿色半圆形状，按照相同的方法将其颜色设置为"#9FA8DA"，如图 6-15 所示。活动宣传海报最终效果如图 6-16 所示。

图 6-14 修改颜色　　图 6-15 继续修改颜色　　图 6-16 活动宣传海报最终效果

（4）下载海报。单击页面右上角的"下载"按钮，在打开的对话框中单击"点击下载"按钮，将海报下载到计算机中（配套资源：\效果\项目六\活动宣传海报.png）。

> ⏰ **行业点拨**
>
> 当前有很多在线设计网站，包括稿定设计、创客贴、Fotor懒设计等，社群运营人员可以利用这些在线设计网站提供的模板和素材，快速制作各种海报、微信公众号推文封面、电商产品图片等，以提高制作效率。

技能练习

假设读书社群"绿洲"要举办一场社群活动—线下读书会，请为该活动进行总体策划，然后使用通义写作活动宣传文案，并在凡科快图中制作活动宣传海报。

任务演练 4：使用接龙工具统计报名成员

【任务目标】

在"库优健身联盟"社群中发起群接龙，统计要报名参加社群活动的社群成员名单。

微课视频

发起群接龙
使用接龙工具统计
报名成员

【任务要求】

本次任务要求在微信群中发起群接龙，要求表明活动信息以及报名注意事项（报名者应备注是否有团操基础）。

【操作过程】

（1）打开接龙工具。进入微信群，点击界面右下角的"+"按钮，在下方打开的界面中左滑，点击"接龙"选项，如图 6-17 所示。

（2）编辑接龙项目。在打开的界面中填写接龙项目的详细描述（即活动详细信息，这里直接使用之前写作的活动宣传文案的内容），在"可填写接龙格式"处填写接龙报名的示例，让后续报名者按照此格式填写，然后在"可填写补充信息"处填写需要提醒社群成员注意的信息，填写完成后点击右上角的"发送"按钮，如图 6-18 所示，即可成功在微信群中发起接龙。

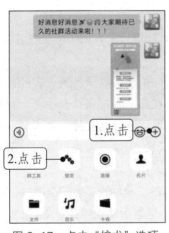

图 6-17 点击"接龙"选项

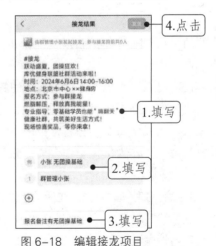

图 6-18 编辑接龙项目

任务二 社群活动执行

任务描述

经过充分准备，6 月 6 日当天，小张和活动筹备团队开始执行社群活动，包括组织签到、暖场、维持秩序以及组织互动。任务单如表 6-13 所示。

表 6-13   任务单

任务名称	社群活动执行	
任务背景	此次社群活动是社群成员第一次面对面接触，可能存在气氛尴尬、活动秩序混乱等情况，因此在活动执行过程中，需要注意多方面的内容	
任务类别	☐ 社群活动策划与准备 ■ 社群活动执行 ☐ 社群活动复盘与宣传	
工作任务		
任务内容	任务说明	
任务演练 1：组织签到和活动暖场	① 确保签到高效、有秩序 ② 促进参与者的相互了解，营造活跃气氛	
任务演练 2：维持活动秩序并组织互动	① 安排秩序维护人员巡逻查看，尤其避免因混乱而导致的安全问题 ② 安排有较强参与性的互动环节，如问答互动、互动小游戏等	

任务总结：

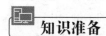

知识准备

一、活动组织与协调

良好的组织与协调能够确保社群活动顺利开展。社群运营人员在活动的组织与协调方面应做好以下几点。

（1）接待与引导参与者。设计高效的签到系统，如使用电子签到方式或自助签到机，对重要嘉宾可设置专门的 VIP 接待通道，提供个性化迎接服务；准备活动手册、议程表等资料，在签到处或入口分发给每个参与者，帮助参与者更好地了解活动安排；在入口、关键通道及活动区域安排足够的工作人员，工作人员应佩戴明显标识，为参与者提供方向指引、活动信息咨询等服务。

（2）维持活动现场的安全。在活动现场设置明显的安全标识，如安全出口、紧急通道等标识，确保出现危急情况时参与者能够迅速找到安全区域。根据活动规模和安全需求，安排足够的安保人员负责现场秩序维持和安全管理。通过监控设备或巡视人员，实时监控活动现场的情况，确保及时发现并处理潜在的安全隐患。对于人数较多的活动，应根据场地容量和活动规模，合理控制入场人数，避免人群拥挤导致的安全问题。

（3）维持现场秩序。活动开始前，倡导尊重他人、耐心倾听的良好风尚，为活动营造积极和谐的环境；在关键位置特别是在热门环节或区域安排工作人员作为秩序引导员，负责引导参与者有序排队、入座、移动，避免拥挤和混乱；在提问、讨论等互动环节，先明确发言规则，如举手示意、使用在线提问功能等，确保发言有序，避免随意插话或离题。

（4）及时处理现场问题和突发情况。活动前设立应急小组，负责处理现场出现的问题和突发情况。相关人员应随时保持待命状态，一旦发现问题或突发情况，立即启动预案并迅速响应，根据问题或突发情况的需要，及时协调现场资源，如安保人员、医疗人员等，确保及时解决问题和应对突发情况。

二、活动流程控制

在活动进行中，应严格按照活动流程表执行活动。对于每个活动环节，设定明确的时间限制，避免活动超时或拖延，可以指定时间管理人员使用计时器监控每个环节的进度，以及时提醒即将超时环节的负责人。当出现延误或紧急情况时，应根据事先制定的预案快速调整流程，包括缩短某些环节的时长、调整发言顺序或临时增加互动环节等。

此外，还可以通过现场巡视人员或监控设备，持续观察参与者的反应、活动氛围。如果发现当前参与者的热情不高、活动氛围欠佳，可以调整内容呈现方式，例如，在分享环节，让分享者采用更生动、接地气的语言，或者加入相关短视频、案例分析来吸引注意力；也可以适当缩短目前环节的时间，提前进入下一个更受欢迎或更具互动性的环节；还可以安排短暂的休息时间，通过播放轻松的音乐或进行简单的游戏，帮助参与者放松心情，重新集中注意力。

三、促进现场互动

促进现场互动是提升社群活动参与度、增强参与者之间联系的关键。社群运营人员可以采用以下互动方式提高活动的互动性。

（1）破冰游戏。活动开始前，组织简单的破冰游戏（见图6-19），如"名字接龙"（每个人说出自己的名字，并附加一个形容词来描述自己，如"勇敢的李华"，下一个人需要先重复前面所有人说过的名字和形容词，再接着说自己的名字和形容词）、"两真一假"（每人分享三件关于自己的事，其中两件是真的，一件是假的，其他人猜哪件是假的）等，以消除参与者之间的陌生感，快速拉近彼此的距离。

图6-19　破冰游戏

（2）小组讨论。将参与者分成若干个小组，让他们围绕特定主题（如职场社群讨论"如何实现工作与生活的平衡"）进行讨论，促进参与者之间的深入交流，并确保每个人都有机会发言，增强其参与感。

（3）互动问答。利用手机 App 或举手等方式进行现场问答，对于积极回答问题的参与者给予小奖励，以提升参与者的积极性和专注度。

（4）角色扮演与模拟场景。设计一些与社群活动主题相关的角色扮演游戏或模拟情景，让参与者亲身体验，以增进参与者之间的互动。例如，创业者社群安排参与者扮演创业者、投资人、市场分析师、法律顾问等角色，模拟从产生商业想法到融资路演的创业过程。

（5）现场动手实践。让参与者动手做项目、完成任务、制作食品或手工艺品等，以促进团队协作，增强社群凝聚力。图 6-20 所示为端午节组织包粽子的社群活动。

图 6-20　现场动手实践

（6）趣味竞赛。举办知识竞赛、才艺展示或其他形式的比赛（如拔河比赛、篮球赛等），并设置团队和个人奖项，激发参与者的竞争意识和团队合作精神。

（7）故事分享会。鼓励参与者分享个人经历、成功故事或失败教训，这种真实的情感交流能加强参与者之间的理解和共鸣。

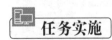

任务实施

任务演练 1：组织签到和活动暖场

【任务目标】

在活动开始前，开展井然有序的签到，并在活动开场时通过暖场提升参与者的积极性。

【任务要求】

本次任务的具体要求如表 6-14 所示。

表 6-14　　　　　　　　　　　　　　任务要求

任务编号	任务名称	任务指导
（1）	组织签到	设置签到处、选择签到方式、准备签到物品、人员引导
（2）	活动暖场	主持人开场、参与者自我介绍、开展破冰游戏

【操作过程】

1. 组织签到

（1）设置签到处。在团操房入口设置签到处，摆放带有活动 Logo 的背景板，便于拍照留念，同时提高活动的辨识度。

（2）选择签到方式。采用线上和线下结合的签到方式，线上签到通过扫描二维码自动记录到场信息，线下签到则提供签到表，供不愿进行线上签到的参与者填写。

（3）准备签到物品。在签到处准备签到笔、活动手册（包含活动流程、安全须知、互动环节说明等）。

（4）人员引导。现场执行组成员负责引导签到后的参与者前往更衣室、洗手间或直接进入活动区域，同时解答任何疑问。

2. 活动暖场

（1）主持人开场。主持人首先需要热情问好，然后简单介绍此次活动，包括活动的流程、亮点、注意事项等。小张为主持人准备的开场词为："各位库优健身联盟的小伙伴，下午好！我是今天活动的主持人××，首先我代表库优健身联盟，向线上和线下的朋友致以最热烈的欢迎！今天我们活动的主题是'健康新风尚，一起来跳团操'。在简单的自我介绍和破冰游戏后，我们将请出专业的健身教练××带领大家进入一小时的激情团操课，其间还会穿插好玩的互动环节。这里要提醒大家，运动前一定要做好热身，运动时要认真听教练的指导，避免因动作不规范而受伤。"

（2）参与者自我介绍。主持人引导参与者进行简单的自我介绍，可采用"快速问答"形式，如"我的名字是××，我最喜欢的运动是××，我希望今天能××"，以快速增进参与者之间的相互了解。

（3）开展破冰游戏。将参与者随机配对，每对需要完成一系列简单的双人合作运动任务，比如背靠背起立、手拉手平衡等。完成任务后，每对搭档互相介绍对方，分享对方在任务中的亮点或者自己的一个有趣的小发现，以拉近双方的距离。

🖐️ 任务演练 2：维持活动秩序并组织互动

【任务目标】

维持活动现场秩序，保证活动顺利进行，并有效组织互动环节，增强参与者之间的沟通与连接，提升活动的整体参与度和满意度。

【任务要求】

本次任务的具体要求如表 6-15 所示。

表 6–15　　　　　　　　　　　　　　　　任务要求

任务编号	任务名称	任务指导
（1）	维持活动秩序	监控与巡逻、参与者管理、有序解散
（2）	组织互动	问答互动、互动小游戏

【操作过程】

1. 维持活动秩序

（1）监控与巡逻。负责维持秩序的工作人员分散至场内各关键位置，注意观察人群动态，引导参与者有序进出、移动，防止拥挤、相互挤撞等。如果有参与者身体不适，需立即协助并提供必要的医疗援助。

（2）参与者管理。鼓励参与者积极参与活动，适时进行引导，如提醒其注意动作要领、保持呼吸节奏等；提醒参与者注意自己的行为和态度，避免干扰他人；对于不遵守规则的参与者，应及时进行提醒和纠正。对于严重干扰活动秩序的参与者，可请其暂时离开场地。

（3）有序解散。团操课休息或结束时，分批解散，明确告知参与者解散顺序，避免拥挤。

2. 组织互动

（1）问答互动。团操课间隙，主持人组织参与者提出关于团操、健康饮食、运动恢复等方面的问题，由健身教练解答，并为积极提问的参与者发放库优品牌提供的护膝。

（2）互动小游戏。将参与者分为两组，开展"健身知识抢答"活动，主持人提出与健身相关的简单问题，由两组进行抢答，答对题目更多的一组的所有参与者可获得库优品牌提供的运动袜。

任务三　社群活动复盘与宣传

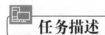 **任务描述**

活动结束后，小张决定对这场活动进行复盘，并计划再次宣传该活动，以增强该活动的影响力，吸引更多人关注社群及后续活动。任务单如表 6-16 所示。

表 6-16　　　　　　　　　　　　任务单

任务名称	社群活动复盘	
任务背景	活动结束后，社群内相关的讨论十分热烈，很多参与者表示对活动十分满意，但也有部分参与者提出了一些意见和建议，小张决定认真、全面地复盘该活动	
任务类别	□ 社群活动策划与准备　　□ 社群活动执行　　■ 社群活动复盘与宣传	
工作任务		
任务内容	任务说明	
任务演练 1：通过群投票工具收集活动反馈	设计投票问题→创建投票	
任务演练 2：编写活动复盘报告	整体评价→细节复盘→形成复盘报告	
任务演练 3：使用 AI 工具写作活动回顾文案	写作活动概述、活动亮点回顾、未来展望	

任务总结：

 **知识准备**

一、活动复盘

活动复盘是社群活动结束后一个非常关键的环节，它涉及对整个活动从策划到执行再到收尾的全面回顾与分析，旨在提炼经验、发现不足、优化流程，为未来的活动提供宝贵的经验和指导。活动复盘可以围绕以下几个方面展开。

（1）过程回顾。针对活动策划阶段，应反思活动创意是否新颖、目标定位是否准确、预算安排是否合理、资源调配是否高效；针对活动执行阶段，应评估活动执行过程中问题的应对措施是否合理、团队协作是否高效、时间管理是否得当；对于技术方面，应考查活动使用的平台或工具（如直播软件、社群管理工具等）是否稳定、便捷，是否有效支持了活动的顺利进行。

（2）参与者反馈收集。汇总参与者对活动的直接反馈，通过私信询问、查看群聊记录或要求公开评论等方式收集，了解参与者的满意度和建议。例如，针对某社群开展的活动，多数参与者对活动中的"互动问答环节"表示满意，认为其具有趣味性，能够增强参与感；但也有部分参与者反映，活动场地通风效果不好，导致体验不佳。

（3）数据分析。基于活动期间收集的数据进行分析，数据包括参与人数、互动频次、转化率、社交媒体数据（点赞数、转发数、评论数）等。这些数据有助于量化活动效果，识别活动哪些部分表现良好，哪些部分需要改进。例如，某线上社群活动中，活动上半场点赞数明显多于下半场，说明活动上半场的内容和呈现方式更受欢迎，后续可以借鉴。

（4）总结亮点与不足。总结活动中成功的策略或创新点，如特别受欢迎的互动环节、高效的推广渠道、优秀的团队协作等。此外，应诚实地指出活动中存在的问题及其原因，如宣传不足导致参与度低、技术故障影响参与者体验、时间安排不合理等。

（5）提出优化建议。基于对问题的分析，提出具体的改进建议和未来活动策略的调整方向，这可能涉及流程优化、技术创新、团队培训、参与者参与度提升等方面。

二、活动结束后的宣传

社群活动结束后的宣传有助于增强活动影响力、维持社群活跃度、吸引新成员参与，具体可以从以下方面进行宣传。

（1）制作活动回顾视频或图文报告。整理活动照片、视频片段，将其制作成精美的回顾视频或图文报告（见图 6-21），展示活动的精彩瞬间、参与者的笑脸、亮点环节等。这不仅能让未参与的社群成员感受到良好的活动氛围，也能吸引外界的关注。

（2）多渠道发布。在社群内部的聊天群、微信公众号等平台上发布活动回顾视频或图文报告，保持社群成员对后续社群活动的关注度；利用微博、小红书、抖音等社交媒体平台，发布活动回顾视频或图文报告，并利用话题标签提升曝光率，从而扩大活动的传播范围，增强活动的影响力。

（3）反馈展示。鼓励参与者在社群和社交媒体平台上分享活动照片、感受和收获，并选取正面评价和有益建议进行重点展示（见图 6-22），树立社群的正面形象。

（4）发起线上讨论。在社群内发起相关话题讨论，如"你最喜欢的活动环节""你对下次活动的期待"等，提高社群成员的参与度。

图 6-21　活动回顾图文报告

图 6-22　参与者反馈

任务实施

任务演练 1：通过群投票工具收集活动反馈

【任务目标】

在社群中发起群投票，收集参与者对社群活动的反馈。

【任务要求】

本次任务的具体要求如表 6-17 所示。

表 6-17　　　　　　　　　　　　　　任务要求

任务编号	任务名称	任务指导
（1）	设计投票问题	设计几个能全面反映参与者对活动反馈的投票问题，问题应涉及整体满意度、活动内容、活动组织、互动体验等
（2）	创建投票	使用"群投票"小程序

【操作过程】

1. 设计投票问题

为全面地收集参与者对活动的反馈，小张从不同维度出发设计了投票问题，如表 6-18 所示。

表 6-18　　　　　　　　　　　　　设计的投票问题

问题维度	作用	设计的投票问题
活动满意度	快速捕捉参与者对活动的整体感受，以直观判断活动成功与否	您对本次"健康新风尚，一起来跳团操"活动的整体满意度如何？（非常满意 / 满意 / 一般 / 不太满意 / 完全不满意）
活动内容质量	深入了解参与者对活动核心部分（如团操课设计、教练表现）的评价，以判断活动是否达到教育、启发或娱乐等目的	团操课的难度对于您来说是过高、适中还是过低？（过高 / 适中 / 过低）
		您认为教练的动作讲解是否足够详细？（非常详细 / 详细 / 一般 / 不够详细 / 完全不详细）
组织与安排	评估参与者对活动的安排和秩序是否满意	在活动进行过程中，您认为现场秩序维护得如何？（非常好，秩序井然 / 较好，偶尔有点混乱但能迅速恢复 / 一般，有时会影响活动体验 / 不太好，频繁出现秩序问题 / 非常差，秩序混乱影响了活动开展）
		您认为本次活动的流程设计是否合理？（合理 / 一般 / 不合理）
互动体验	评估互动环节是否有效	您是否有机会与其他参与者有效互动，如分享体验或相互鼓励？（有非常多机会 / 有一些机会 / 机会一般 / 几乎没有机会 / 完全没有机会）
参与意愿	衡量活动的吸引力，帮助预测未来同类活动的潜在参与度和市场需求	基于本次活动的体验，您愿意参加我们未来举办的同类活动吗？（绝对会参加 / 很可能参加 / 可能会参加 / 不确定 / 不太可能参加）

2. 创建投票

（1）打开小程序。打开微信主界面，点击"搜索"图标按钮，在打开的界面中搜索"群投票"，在打开的界面中点击"小程序"选项卡，然后点击"群投票"选项，如图 6-23 所示。

（2）新建投票。在打开的界面中点击"点击登录"按钮，在打开的界面中使用微信头像、昵称登录，返回小程序主界面，点击"联合投票"选项，在打开的列表中点击"新建联合投票"选项，如图 6-24 所示。

微课视频

创建投票

图 6-23　点击"群投票"选项

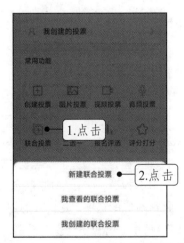

图 6-24　点击"新建联合投票"选项

（3）设置投票标题。在打开的界面中的"标题"栏中输入投票标题"关于 6 月 6 日社群活动的投票"，如图 6-25 所示，再点击"投票列表设置"栏中的"点击设置"按钮。

（4）设置投票问题 1。在打开的界面中点击"新建投票"按钮，输入该问题的标题，然后在"选项设置"栏中依次设置各选项，设置时可通过点击"+"按钮来增加选项，设置好的效果如图 6-26 所示。

（5）设置投票时间。在"时间设置"栏中设置开始时间为"2024-06-07　10:30"，设置截止时间为"2024-06-08　10:30"，点击下方的"确定"按钮，如图 6-27 所示，在打开的界面中点击"确定"按钮。

图 6-25　设置投票标题

图 6-26　设置投票问题 1

图 6-27　设置投票时间

（6）设置其他投票问题。在打开的界面中可以查看设置好的投票问题，点击左上角的"返回"按钮，在打开的界面中按照前述方法继续设置其他投票问题。设置完成后在投票问题列表界面中点击选择各个问题选项，点击下方的"确定"按钮，如图 6-28 所示。

（7）确认新建联合投票。返回"联合投票"设置界面，可以看到已经添加好 7 个投票问题，点击"确定"按钮，在打开的界面中点击"确定"按钮。此时在打开的"联合投票"界面中可以看到最终创建的联合投票，点击"分享联合投票"按钮，如图 6-29 所示，在打开的界面中点击"库优健身联盟"社群对应的选项，在打开的界面中点击"同时设为群待办"按钮，然后点击"发送"按钮，如图 6-30 所示，将投票转发至社群。

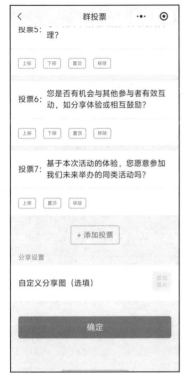

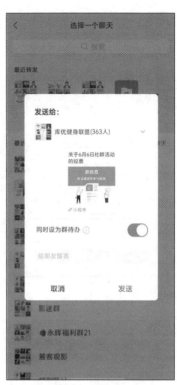

图 6-28 点击"确定"按钮　　图 6-29 点击"分享联合投票"按钮　　图 6-30 转发至社群

技能练习

　　假设读书社群"绿洲"读书会活动圆满结束，请设计几个投票问题收集参与者的反馈，并在"群投票"小程序中创建投票。

任务演练 2：编写活动复盘报告

【任务目标】

　　全面总结活动的实施情况，包括亮点、不足及相应的经验/优化建议，得到一份详尽的社群活动复盘报告，以便为未来类似活动的策划与执行提供指导和参考。

【任务要求】

　　本次任务要求先对社群活动进行整体评价，对是否达成活动目标做宏观判断；然后对活动全过程的各个细节进行细致的复盘，形成活动复盘报告。

【操作过程】

　　（1）整体评价。小张和活动筹备团队成员通过整理投票调查结果以及在社群中收集反馈，发现参与者对活动的整体满意度较高，且活动结束后社群的活跃度、社群成员之间的熟悉度明显提升，因此小张认为活动达成了整体目标——增强社群成员的归属感和黏性。

　　（2）细节复盘。小张和活动筹备团队成员详细回顾活动从策划到执行的全过程，并将收集到的反馈进行分类整理，将亮点和不足分别归纳到团操课、互动体验、场地选择与设施、活动组织与安排、宣传与参与度、预算与资源准备等多个维度，并提炼了相关的经验和优化建议，最终的活动复盘报告如表 6-19 所示。

表 6–19 活动复盘报告

角度	评价结果	经验及优化建议
团操课	亮点：课程内容新颖，部分参与者反馈课程有趣、富有挑战性	经验：继续探索、创新课程内容，保持活动的新鲜感
	不足：难度层次单一，未能满足不同层次参与者的需求	优化建议：开展前期调研，根据参与者水平设计分层次活动，如初级、中级、高级课程
互动体验	亮点：线下互动氛围热烈，参与者之间以及与教练的直接交流增强了活动的参与感和乐趣	经验：继续强化线下活动的互动设计，如现场问答、游戏挑战
	不足：线上直播只起到反映线下活动实况的效果，互动性弱，随着活动进行，在线观众参与度下降，观看人数减少	优化建议：安排专门的线上主持人或互动引导员，及时回应线上观众的留言和问题，营造线上线下融合的互动氛围
场地选择与设施	亮点：地点交通便利，容易找到	经验：优先考虑交通便利的地点
	不足：场地空间略显拥挤，更衣室不足，影响体验	优化建议：提前实地考察场地，确保空间宽敞，设施完备（特别是更衣室、储物柜数量），并考虑备用场地方案
活动组织与安排	亮点：采用线上签到方式，操作简便，避免排队；休息时间设置得当，既有利于参与者恢复体力，也为参与者相互交流提供了良好时机	经验：继续采用线上签到方式；根据活动强度合理安排休息、互动时间，以便参与者缓解疲劳，同时促进参与者之间的互动
	不足：休息时间结束时，部分参与者没有及时回到现场，导致下一环节延迟	优化建议：在休息时间即将结束的前3分钟，通过现场广播、社群通知等方式，多次提醒参与者返回活动区域
宣传与参与度	亮点：社交媒体宣传有效，吸引了大量新成员加入	经验：利用多渠道宣传，增强活动影响力
	不足：老成员没有起到活跃氛围的作用	优化建议：在活动中安排活跃的老成员作为小组领队
预算与资源准备	亮点：通过品牌赞助、寻找外部赞助商和社群众筹相结合的方式，有效筹集了活动经费，减轻了资金筹集压力；利用现有社群资源，迅速组建了策划宣传组和现场执行组，有效利用了社群内部的人力资源	优化建议：未来筹办活动时，应继续探索多渠道筹资路径，评估各类赞助资源的价值与可行性，建立长期合作伙伴关系，以稳定和拓宽资金渠道；在未来的活动中，继续重视并深化内部人才的发掘与培养，构建一套有效的社群成员动员与能力评估机制
	不足：场地布置追求简约，但可能缺乏足够的视觉冲击力	经验：在不大幅增加成本的前提下，适当增加场地布置的创意元素

任务演练3：使用 AI 工具写作活动回顾文案

【任务目标】

通过撰写一篇活动回顾文案，全面总结社群活动，提升社群形象。在写作活动回顾文案时，可借助 AI 工具。

【任务要求】

本次任务要求写作活动回顾文案，其内容包括活动概述、活动亮点回顾、未来展望3个部分，要求深入地展现活动的价值，体现社群的价值观。

【操作过程】

（1）写作活动概述。活动概述是对活动总体开展情况的概要性描述，不需要太详细，只需介绍清楚活动的主题、主要内容等。写好的活动概述如图 6-31 所示。

> 【活动概述】
> 昨天的社群活动"健康新风尚，一起来跳团操"十分圆满，感谢大家的热情参与！本次活动，我们有幸请到了经验丰富的团操教练，携手一群热爱健身的社群成员，一同沉浸于节奏与汗水交织的健身活动中。在教练的悉心指导下，我们的社群成员不仅掌握了团操的动作要领，更在集体的律动中感受到了运动的无限活力。

图 6-31 活动概述

（2）写作活动亮点回顾。活动亮点可以通过实况展示、参与者感想来展现。其中，实况展示可以是生动的文字描述、精彩的图片，以展示活动的场景及精彩瞬间等。参与者感想部分可以展示一些有代表性的参与者的反馈，如他们在活动中的收获以及对活动的赞赏等。写好的活动亮点回顾如图 6-32 所示。

> 【活动亮点回顾】
> 活动当天，现场布置简洁而不失活力，背景板上醒目的标语下，柔和而富有节奏感的灯光随音乐轻轻摇曳，为团操空间添上一种温馨的氛围。参与者的笑脸在快门声中定格，相机记录下他们努力与欢笑的瞬间——无论是全力以赴后的汗水，还是伙伴间默契配合完成挑战的自豪表情。互动环节尤其温馨，大家手牵手围成圈，完成了快速问答与团队抢答等互动游戏，留下了一系列温馨的回忆。

> 以下是一些参与者的真挚感想。
> 群友小李分享道："这是我第一次尝试团操，原本以为会跟不上节奏，没想到在这样的氛围中，竟然能如此享受运动的乐趣。感谢我们的社群！"
> 群友小陈反馈："教练的专业指导让我学到了很多健身小技巧，加深了我对团操的热爱，期待下次活动！"
> 群友小王感概："活动中，大家的鼓励和支持让我深受感动。我结识了好几位志趣相投的朋友，这样的体验真是太棒了！"

图 6-32 活动亮点回顾

（3）写作未来展望。未来展望部分可以简单介绍未来的活动计划和发展方向，鼓励参与者继续关注和参与下一次活动。写好的未来展望如图 6-33 所示。

> 每一次活动的落幕，都是新的起点。未来我们计划每月举办一到两次类似的运动主题活动，不断丰富活动内容，引入更多元化的健身项目，如瑜伽、球类比赛、户外徒步等，满足不同爱好者的多样化需求。希望大家能继续支持我们的活动，让我们一同期待下一次的相聚！

图 6-33 未来展望

综合实训 策划并组织线下美食制作活动

实训目的：通过策划并组织线下美食制作活动，巩固社群活动的相关知识，提升组织社群活动的实践能力。

实训要求：某美食社群准备开展一场线下美食制作活动，以增强社群成员间的互动，进而增强社群凝聚力。请策划并组织线下美食制作活动。

实训思路：本次实训的具体操作思路可参考图 6-34。

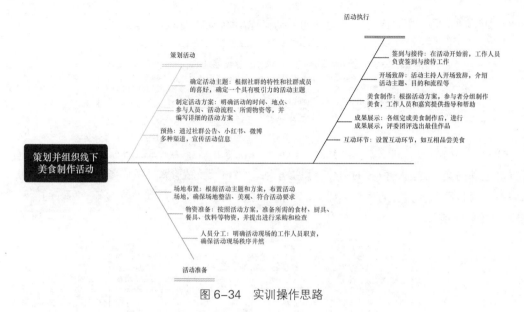

图 6-34　实训操作思路

实训结果：本次实训的参考策划方案如图 6-35 所示。

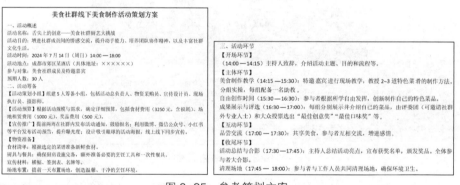

图 6-35　参考策划方案

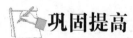

巩固提高

1. 常见的社群活动目标有哪些？

2. 常见的社群活动形式有哪些？

3. 社群活动的常见风险有哪些？应如何应对？

4. 社群活动的物资准备主要涉及哪些方面？

5. 社群活动的现场互动方式有哪些？

6. 如何进行社群活动复盘？

7. 社群活动结束后应如何进行宣传？

8. 某职场技能提升社群打算组织一次线下交流分享会，以增强社群成员的黏性。请策划该活动，并给出详细的策划方案，方案应包括活动主题、形式、时间、地点、流程、预算、风险预案等。

社群变现

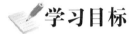

学习目标

【知识目标】

1. 掌握社群产品变现的相关知识。

2. 掌握社群知识变现的相关知识。

3. 掌握社群服务变现的相关知识。

【技能目标】

1. 能够选择适合社群销售的产品，并利用各种营销方式促进销售。

2. 能够打造高质量的知识付费内容，并利用多样化的营销策略吸引社群成员购买。

3. 能够策划有吸引力、符合社群成员需求的付费服务，并确定合理的付费周期。

【素养目标】

坚持以社群成员为中心，用心打造优质的社群产品、知识付费内容和服务，通过赢得社群成员的认可来实现社群变现。

项目导读

社群变现是指通过社群运营实现商业价值的过程，这通常涉及利用社群成员的兴趣、需求和忠诚度来创造收入。通过变现，社群可以获取资金进行运营和扩张，从而提供更高品质的内容和服务，确保健康和持续发展。社群变现的方式多种多样，常见的包括产品变现、知识变现和服务变现等。成功的社群变现需要平衡社群成员的利益与社群的商业目标，确保不会因过度商业化而损害社群的核心价值。

"库优健身联盟"社群在运营一段时间以后，已经进入成熟期，社群成员的数量、活跃度、忠诚度都达到了较高的水平。根据此前的规划，"库优健身联盟" 社群应该在成熟期尝试变现。老李认为变现的时机已经成熟，因此他安排小张通过多元化的方式为"库优健身联盟" 社群变现，真正让社群实现其商业价值。

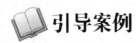 **引导案例**

趁早社群的变现

趁早社群是由王潇创立的一个女性励志社群，旨在为渴望自律和理性生活的女性提供一个成长的空间。作为一个成熟的社群，趁早社群的变现模式十分多元。

趁早社群的一大变现途径是在趁早行动 App、小程序上销售知识付费课程，如"自信演讲表达 100 天""好声音塑造 100 天"等。这些课程的定价为两三百元，部分现场高端课程定价高至上千元。课程内容系统全面，覆盖女性生活方式、习惯养成、学习成长等方向，致力于帮助社群成员解决实际问题，对社群成员具有较强的吸引力。

趁早社群还推出了自有文创产品趁早效率手册、运动服饰品牌"SHAPE YOUR LIFE"及护肤品品牌"松生万物"，通过趁早行动 App、小程序和主流电商平台进行销售。在文创产品中，趁早效率手册以手账的形式帮助用户进行时间管理，这种自律、上进的精神与社群的核心价值观高度契合，因而销量一直非常高。"SHAPE YOUR LIFE"品牌则推出了运动包、帆布包、T 恤等小件产品，定价在 70 元到 300 元不等，能够满足不同用户的需求。"松生万物"护肤品品牌的产品定位中端，旗下的身体乳销量不错。

点评：趁早社群通过知识付费课程及自有文创产品、运动服饰品牌、护肤品品牌等实现多元变现，知识付费课程面向领域广泛且定价多样化，产品贴合社群价值观，具有市场吸引力。

任务一　社群产品变现

任务描述

老李认为，"库优健身联盟"社群背靠库优运动健身用品品牌，拥有较多产品资源，因此首先开展产品变现是十分自然、合理的选择。于是，老李安排小张为"库优健身联盟"社群策划并实施产品变现方案，任务单如表 7-1 所示。

表 7-1　　　　　　　　　　　　　　　　任务单

任务名称	社群产品变现	
任务背景	"库优健身联盟"的社群成员大多都对运动健身用品有较强的需求，且对库优品牌的认可度较高，这对于产品变现是一大利好因素	
任务类别	■ 社群产品变现　□ 社群知识变现　□ 社群服务变现	
工作任务		
任务内容	**任务说明**	
任务演练 1：策划社群产品变现方案	先根据社群成员的需求选择适合销售的产品，再策划如何在社群中营销该产品	
任务演练 2：发起拼团接龙	使用"群里团购"小程序	

任务总结：

知识准备

一、适合在社群内销售的产品的特点

在社群内销售产品时，选择合适的产品至关重要。适合在社群内销售的产品通常具有以下特点。

（1）可玩性强的产品。这类产品通常与"控"（高度热爱）、"DIY"等概念相关，具有较强的可玩性和较大的创意空间，如精油、手账、摄影器材等。社群运营人员可以分享产品使用经验、使用技巧等，激发其他社群成员的好奇心和兴趣，促使他们购买产品。

（2）有优质货源的产品。这类产品通常来源于直接的生产商或供应商，具有明显的品质优势和价格优势，如某农场自产的优质农产品。社群运营人员需要培养社群成员对于产品的信任感，通过组织团购活动，让社群成员能以合理的价格购买高品质产品。

（3）能够解决实际问题或满足特定需求的产品。这类产品能够解决社群成员的实际问题或满足其特定需求。例如，在一个家居生活社群中销售一款强力去污的清洁剂，解决厨房油污难以清理的痛点。社群运营人员可以通过调研和观察了解社群成员的问题或需求，确保产品能够直接解决他们的问题或满足他们的需求。

（4）能引发讨论的产品。这类产品具有社交属性，易于分享、讨论和传播，能够引发社群成员之间的互动。例如，一款可以与人互动的智能音箱可以激发社群成员分享与智能音箱互动的有趣视频。

（5）符合社群价值观的产品。这类产品与社群价值观契合，更容易获得社群成员的认同。例如，一个健康生活方式社群可以销售符合健康和营养标准的有机食品。

二、社群产品营销方式

在社群中开展产品营销能够提高产品在社群中的可见度，直接促进产品的销售，对于社群产品变现有积极意义。

（一）产品预热与造势

产品预热与造势是社群产品营销中的重要方式，尤其是在新产品推出之前。这一过程旨在激发社群成员的兴趣，并为产品的正式发布营造声势。进行产品预热与造势，可以采取以下策略。

（1）发布预告。提前1~2周在社群内发布产品预告视频或图文，展示产品亮点和特色，引发讨论和期待。

（2）发布倒计时。在产品正式发售前一周开始倒计时，每天发布倒计时海报或短视频，逐步揭露产品更多信息，引发社群成员的期待。

（3）提供预售优惠。设置预售期，提供专属优惠（如"早鸟"价、赠品、积分加倍等），鼓励社群成员提前下单，如图7-1所示，并分享预售信息到个人社交圈，扩大传播范围。

（二）种子成员背书

种子成员背书是一种非常有效的社群产品营销方式，它利用种子成员早期积累的信任和影响力来推广产品。种子成员背书可以采取以下步骤。

（1）鼓励种子成员分享。从现有成员中挑选出几名忠诚、活跃且有影响力的种子成员，提前向其寄送产品样品，借助奖励（免费试用产品、佣金分成、特别礼物等）激励他们在社群内部及外部平台分享优质、详细的产品反馈，如评测视频、使用心得、对比分析等。

（2）口碑传播。收集并在社群中展示种子成员对产品的正面评价，如图 7-2 所示，激发其他社群成员的购买欲望。

图 7-1　提供预售优惠

图 7-2　展示正面评价

（三）互动营销活动

互动营销活动可以在社群内营造活跃的交易氛围，激发社群成员的从众心理，从而促使社群成员完成交易。组织互动营销活动可以采取以下策略。

（1）晒单活动。晒单活动可以提升产品的曝光率。社群运营人员可以通过奖励等手段刺激社群成员下单后在社群中晒单（如订单截图、产品实拍图等），制造产品"刷屏"效果，为产品造势，如图 7-3 所示。

（2）互动问答。互动问答可以加深社群成员对产品的了解，社群运营人员通过解答社群成员关于产品的疑问，提高产品透明度，激发社群成员对产品的讨论和交流。社群运营人员可以鼓励社群成员提出关于产品的问题，由熟悉产品的人员来及时回答这些问题，后续可以整理常见问题及其解答，将其制作成文档供社群成员参考，以便社群成员在了解产品的前提下做出购买决策。

（3）拼团接龙。拼团接龙结合拼团购物和接龙游戏的元素，旨在通过社群成员的互动来推动产品的销售。社群运营人员应挑选适合拼团的产品，通常为性价比高、易于推广的产品，设定清晰的拼团规则（包括成团人数、团购价格、拼团时间限制等），必要时可以带头参与拼团（即成为拼团第一棒，作为示范），以鼓励其他社群成员积极参与，如图 7-4 所示。

图 7-3　晒单　　　　　　　　图 7-4　拼团接龙

（四）开展价格促销

开展价格促销是非常有效的营销方式，它能够刺激社群成员的购买欲，促进产品的销售。价格促销的方式有以下几种。

（1）定时折扣。在特定时间段（如节假日、品牌活动日）进行时间有限的折扣促销，制造紧迫感。

（2）满减/满赠活动。制定阶梯式满减（如满 100 元减 10 元，满 200 元减 30 元）或满赠策略，促使社群成员增加单笔订单金额。

（3）捆绑销售。将热销产品与其他相关产品组合，以套餐形式提供额外折扣，提升整体销售额。

（4）会员专享福利。为会员提供额外折扣或专属礼品，增强会员的归属感，提高会员的复购率。

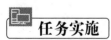 **任务实施**

任务演练 1：策划社群产品变现方案

【任务目标】

为"库优健身联盟"社群策划社群产品变现方案，以通过销售产品为社群带来收入。

【任务要求】

本次任务的具体要求如表 7-2 所示。

表 7-2   任务要求

任务编号	任务名称	任务指导
（1）	选择产品	直接选择库优品牌的产品，并选出主推产品
（2）	策划产品营销方式	产品预热与造势、种子成员背书、开展价格促销、鼓励晒单、拼团接龙

【操作过程】

1. 选择产品

小张认为，"库优健身联盟"社群背靠库优这个运动健身用品品牌，不仅拥有优质货源，而且有价格优势，因此可以直接销售该品牌旗下的产品（产品线覆盖低、中、高不同价位）。考虑到社群不是典型的电商平台，且社群产品销售刚刚开始，小张决定现阶段主要销售低价位的小件产品（如运动袜、运动水壶、头带、护膝等），这些产品使用频率高，讨论度也高，价格较低，社群成员购买时也不会有太大的顾虑。

为集中精力营销，小张打算从上述产品中选一款产品作为主推产品。他在社群中开展了投票活动，投票结果显示运动水壶（价格为 19.9 元，采用 Tritan 材质，安全无毒、耐高温、密封防漏、坚固耐摔）最受欢迎。为体现社群特色，小张请求库优品牌特地打造社群纪念版运动水壶，在壶身印上社群 Logo。

2. 策划产品营销方式

选好产品后，小张策划了在社群中营销该产品的方式，具体步骤如下。

（1）产品预热与造势。产品发售前 3 天，在社群中预告即将发售神秘产品，号召大家竞猜，引发社群成员的期待。产品发售前一天，公布神秘产品为社群纪念版运动水壶，且发售数量有限。

（2）种子成员背书。挑选社群内具有影响力和号召力的活跃社群成员作为体验官，免费为他们提供产品试用机会，要求他们在社群内以图文、视频的形式分享使用运动水壶的详尽体验，尽量凸显出水壶的卖点。

（3）开展价格促销。产品发售当天，设置"早鸟"价为 14.9 元，有效期仅一天，促使社群成员立马下单。

（4）鼓励晒单。鼓励社群成员购买产品后在社群内分享下单截图，晒单奖励为 20 积分。

（5）拼团接龙。产品发售第二天，组织拼团活动，规定参与拼团可继续享受 14.9 元的优惠价，利用社群的社交属性促进销售。

任务演练 2：发起拼团接龙

【任务目标】

为"库优健身联盟"社群主推的运动水壶发起拼团接龙。

【任务要求】

本次任务要求在小程序"群里团购"中创建拼团，拼团时间为一天。

【操作过程】

（1）进入小程序。在微信中搜索"群里团购"，在搜索结果中点击"群

微课视频

发起拼团接龙

里团购"小程序选项。进入小程序主界面后，点击"我的"按钮，在打开的界面中点击"点击登录"按钮，在打开的界面中完成登录。

（2）设置拼团信息。返回小程序主界面后，点击"首页"按钮，点击"团购接龙"选项，如图 7-5 所示。在打开的"群里团购"界面中输入标题、描述，然后在下方设置商品名称、价格、每单限购数量，点击"商品图"按钮，在打开的列表中点击"从手机相册选择"选项，在打开的界面中点击运动水壶图片（配套资源：\素材\项目七\运动水壶.png），点击"完成"按钮，返回"群里团购"界面，如图 7-6 所示。

图 7-5　点击"团购接龙"选项

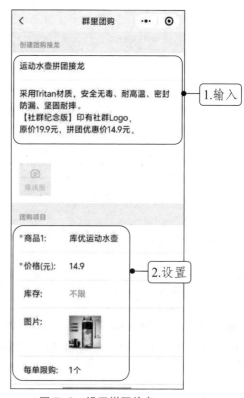

图 7-6　设置拼团信息

（3）继续设置拼团信息。在"高级设置"栏中设置开始时间为"2024-07-31 12:00"，结束时间为"2024-08-01 12:00"，点击"发起人联系方式"栏中的"获取手机号"按钮，如图 7-7 所示，在打开的界面中点击"允许"按钮。

（4）分享拼团。在打开的界面中可以查看创建好的拼团，点击"分享团购"按钮，如图 7-8 所示，在打开的界面中点击"库优健身联盟"社群对应的选项，在打开的界面中点击"同时设为群待办"按钮，点击"发送"按钮，将拼团信息发送到社群中。

技能练习

　　假设美妆社群要针对一款价格为 29 元的粉饼（控油不拔干、不脱妆、防水防油）发起拼团接龙，拼团时间为 3 天，请在"群里团购"小程序中为其创建拼团。

图 7-7　设置其他拼团信息　　　　　图 7-8　分享拼团

任务二　社群知识变现

任务描述

运动水壶的销售情况不错，社群成员的付费积极性很强。见此情形，老李提醒小张，社群变现还可以通过开发并销售知识付费内容实现，这是当前社群变现的一大趋势。任务单如表 7-3 所示。

表 7-3　　　　　　　　　　　　　　　　任务单

任务名称	社群知识变现	
任务背景	"库优健身联盟"社群一直致力于提供免费的优质内容，社群成员对社群内容的认可度、信任度很高，因此社群具备知识变现的条件；且社群与多位专业健身教练、专家达成了良好的合作关系，具备创作专业、高质量内容的能力	
任务类别	☐ 社群产品变现　　■ 社群知识变现　　☐ 社群服务变现	
工作任务		
任务内容		**任务说明**
任务演练：打造并营销社群知识付费内容		① 根据社群成员的内容需求确定内容主题，并搭建一个具体的内容框架 ② 在社群中通过各种策略营造学习氛围，促进销售

任务总结：

知识准备

一、知识付费内容的类型

知识付费内容的类型丰富多样，可以根据不同的形式、领域和目标用户来划分。常见的知识付费内容的类型如表 7-4 所示。

表 7-4　　　　　　　　　　　　　　知识付费内容的类型

类型	内容	目标用户
课程	视频课程、音频课程、图文教程，覆盖广泛的领域，如个人成长、职业技能、兴趣爱好、投资理财等	希望系统学习某个领域的知识或技能的社群成员
直播	直播授课、互动讲座、在线研讨会，知识分享、解答疑惑、互动交流	喜欢实时互动和即时反馈的社群成员
付费讲座	专家分享最新的研究成果、行业趋势等	对特定领域有深入了解需求的社群成员
报告	深入探讨某一主题或领域的专业知识的研究报告等	希望深入了解某个领域的专业人士或爱好者
内容订阅	定期发布的专栏文章、新闻简报等	需要定期接收新信息的社群成员
工作坊与培训营	主要提供实战和技能训练机会	希望通过实践学习特定技能的社群成员
工具与资源包	为特定领域提供工具模板、数据包、设计素材等资源	需要特定工具辅助工作的专业人士
电子书与有声书	出版的专业书、小说、自我成长类图书的电子版或音频版	热爱阅读的社群成员

素养课堂

知识付费的兴起，成为全民阅读与终身学习的重要催化剂。这一现象反映了人们对高质量知识和信息的渴求，以及人们为提升自身能力而投入的强烈意愿。作为当代青年，我们应该积极利用图书馆、在线课程、学术论坛等渠道学习各种知识，提升自己的综合素质，为国家的科技进步和经济发展做出贡献。

二、社群知识变现的营销策略

要促使社群成员进行知识付费，不仅需要打造优质内容并向社群成员证明其品质，同时还要通过营造浓厚的学习氛围来带动社群成员的参与积极性。具体来说，社群知识变现可以采取以下营销策略。

（一）打造优质的内容

内容质量是社群知识变现的关键。社群运营人员应根据社群成员的需求打造内容，首先可以

通过问卷调查、开展群投票等方式了解社群成员的内容需求，根据社群成员的反馈，选择能够深入探讨、与实际生活相关或有实践意义的内容主题；同时，还可以邀请行业专家、专业人士参与内容创作，确保内容的专业性和深度。打造优质内容时，可以先设计一个逻辑清晰的内容大纲（见图 7-9），确保内容覆盖全面且结构合理，并将复杂的内容分解成易于理解的小模块，每个模块都应该围绕一个主题展开。此外，内容应使用深入浅出的方式讲解，避免过于晦涩难懂。

图 7-9　内容大纲示例

⏰ 行业点拨

对于课程而言，单节课的时间越长，社群成员学习的难度越高。所以单节课的时长最好控制在 15～30 分钟。

（二）多种内容形式相结合

不同的内容形式适合不同的学习场景，社群运营人员可以围绕一门课程的理论、实践、讨论、答疑等方面设计不同的内容形式，如理论学习采用"视频课程+图文课件"的形式，实践操作采用"提交作业+老师批改/评价"的形式，讨论采用老师带领进行小组讨论的形式，答疑采用直播答疑、在线问答等形式。结合多种形式呈现内容可以体现内容的系统性、全面性，给人"内容充实、收获很大"的感觉。

（三）打造仪式感

打造仪式感是社群知识变现中非常重要的一环，它可以增强社群成员的参与感，在社群内营造浓厚的学习氛围，从而吸引更多社群成员购买知识付费内容。打造仪式感的方法很多，这里主要介绍以下 3 种。

（1）开课仪式。开课仪式主要针对课程、工作坊等学时较长的内容，目的是为学习之旅拉开序幕，营造一种庄重的氛围。开课仪式不需要太复杂，只需简单介绍课程目标、学习计划、老师背景与资质、学习规则、上课方式等，也可以邀请老师先开展课前导学，进行预热，如图 7-10

所示。

（2）结课仪式。结课仪式可以邀请社群成员对学习收获进行自我回顾，可采用接龙的形式营造氛围；也可以为完成课程学习的社群成员颁发电子或纸质的结业证书（见图 7-11），增强其成就感。如果要激励社群成员购买其他课程，可以向社群成员额外发放购买其他课程的优惠券。

（3）共学打卡。共学打卡是指在社群中，社群成员按照一定的规则和时间要求，每天或定期完成特定的学习任务，并在社群内公开分享自身的学习成果或心得。

图 7-10　课前预热

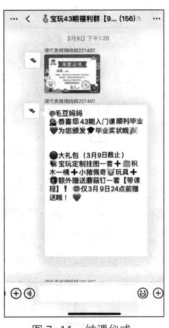

图 7-11　结课仪式

（四）提供免费试听/试读

提供部分内容免费试听或试读机会，让社群成员先体验再决定是否购买。通常而言，免费试听/试读的部分可以是课程导学、第一章，应具备足够的吸引力，但又不会泄露太多核心内容。在免费体验结束时，可以明确引导社群成员购买完整课程，并提供专属折扣、优惠码等鼓励社群成员下单。

任务实施

任务演练：打造并营销社群知识付费内容

【任务目标】

为"库优健身联盟"社群打造知识付费内容，并运用各种营销策略提升销量。

【任务要求】

本次任务的具体要求如表 7-5 所示。

表 7-5　　　　　　　　　　　　　　　　　　　任务要求

任务编号	任务名称	任务指导
（1）	打造知识付费内容	选择内容形式、调研内容需求、确定课程主题、设计课程大纲、设计课程形式
（2）	营销知识付费内容	宣传课程、举行开课仪式、开展共学打卡、举行结课仪式

【操作过程】

1. 打造知识付费内容

小张与一位课程老师（拥有多年授课经验的健身教练）达成合作，接着共同规划了内容的形式、主题等，然后由课程老师完成内容创作。

（1）选择内容形式。小张认为，课程是一种成熟的知识付费形式，其系统性强、方便重复观看，因此他选择课程作为主要的内容形式。同时，安排直播答疑作为补充，让课程老师与社群成员可以即时互动交流。

（2）调研内容需求。小张在社群内开展了调查，了解社群成员在运动健身领域感兴趣的内容以及对知识付费内容的需求，调查结果显示社群成员对于瘦身、瑜伽和基础健身比较感兴趣，希望有专业课程可供系统学习。

（3）确定课程主题。根据社群成员的需求，小张与课程老师罗列了 3 个合适的主题作为备选主题：居家减脂瘦身（包括减脂原理介绍、居家减脂训练计划、营养与饮食指导）、瑜伽入门课程（基本体式教学）、新手健身课（包括深蹲、硬拉、卧推等动作的教学）。然后，小张在社群内开展投票，投票结果显示新手健身课的得票率最高，因此小张和课程老师将其作为课程主题。

（4）设计课程大纲。小张和课程老师认为，一方面课程内容应全面，因此，应涵盖健身基础知识、关键动作技巧、训练计划与实践等内容；另一方面要实用，能够帮助社群成员解决实际问题，因此需要提供常见问题的解决方案；另外，在结构安排上应由浅入深、逻辑清晰。设计好的课程大纲如图 7-12 所示。

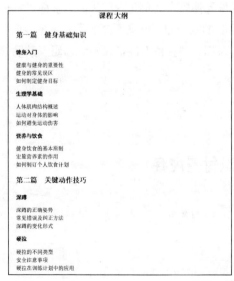

图 7-12　课程大纲

（5）设计课程形式。健身类课程可以使用视频的形式进行理论讲解与动作演示，以便社群成员直观地学习；同时，为方便社群成员反复查看，还应配上图文教程（包含文字说明与动作图解）。至于直播答疑，可以安排每周一次，安排课程老师使用腾讯会议进行线上直播，解答社群成员的疑问。

2. 营销知识付费内容

课程制作好后，小张需要使用各种营销策略来宣传该课程，吸引更多社群成员购买，具体步骤如下。

（1）宣传课程。为吸引关注，取得更好的宣传效果，小张需要在社群中简单介绍课程及课程老师，并提供一部分课程供社群成员免费试看（见图 7-13）。他选择第一篇中的"健身入门"和第二篇中的"深蹲"作为免费试看内容，选择前者是为了让社群成员对课程有大致的认识，激发社群成员对课程的兴趣；选择后者是为了体现课程中动作讲解的专业性和细致程度，让社群成员感受到课程的价值，从而下单购买完整课程。

（2）举行开课仪式。在社群成员陆续购买课程后，为营造学习氛围，可以举行开课仪式，邀请课程老师在社群中进行课程预热，介绍课程学习要点，以及如何安排学习与健身计划，然后号召大家一起完成一项简单的健身挑战——连续做 10 个俯卧撑并录制视频，在社群中分享。

（3）开展共学打卡。为了鼓励社群成员按时完成学习任务，营造积极的学习氛围，可以开展共学打卡，如鼓励社群成员在社群中发布当日所学课程页面截图并相互评论和点赞，为积极参与的社群成员提供小礼品作为奖励。

（4）举行结课仪式。在每个社群成员完成课程学习后，可以举行结课仪式，为完成课程的社群成员颁发电子结业证书，并发放小奖励，如图 7-14 所示，以增强社群成员的荣誉感、满足感，增强其后续继续购买其他课程的意愿。

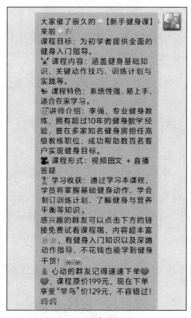

图 7-13　宣传课程

图 7-14　结课仪式

任务三 社群服务变现

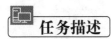

任务描述

在先后开展社群产品变现和社群知识变现后，老李看出，社群成员对于社群商业化的接受度较高，因此有推出付费服务的想法。小张在老李的指导下，根据"库优健身联盟"社群的实际情况为其策划社群付费服务。任务单如表 7-6 所示。

表 7-6　　　　　　　　　　　　　　　任务单

任务名称	社群服务变现	
任务背景	老李提醒小张，虽然社群产品变现和社群知识变现取得了初步的成果，但社群服务变现仍需要具备一定的条件，因此需要先分析"库优健身联盟"社群是否具备相应的条件，再进行策划	
任务类别	☐ 社群产品变现　　☐ 社群知识变现　　■ 社群服务变现	
工作任务		
任务内容		任务说明
任务演练：策划社群付费服务		策划时要明确付费服务如何运作、如何收费

任务总结：

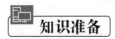

知识准备

一、社群服务变现的条件

社群服务变现，简单来说就是在社群中提供有价值的服务，并通过各种方式让社群成员为这些服务付费。要想实现社群服务变现，需要具备以下条件。

（1）专业能力。社群应具备提供服务的专业人才和资质，具备丰富的实战经验，能够解决社群成员的实际问题。

（2）信任基础。社群已经通过长时间的免费运营有了良好的口碑和信任基础，社群成员愿意为社群的优质服务付费。

（3）服务体系。社群已经建立健全的服务体系，设定清晰的服务标准，能够确保服务的质量和效果，且建立了有效的反馈机制，能够解决服务过程中可能出现的问题。

（4）服务特色。社群提供的服务或服务方式在市场上应具有独特性，或相对于同类服务有自己的优势。

二、社群服务的付费周期

在社群服务变现中，常见的付费模式是周期付费制，即在一定周期内交纳多少费用，就可以享受一定的服务。在这种情况下，社群运营人员需要确定具体的付费周期。付费周期应该与社群提供的服务的性质匹配，如表 7-7 所示。

表 7-7　　　　　　　　　　　　　　　付费周期的确定

付费周期类型	具体期限	适合的服务
短期	1 个月或更短，如 21 天、28 天	习惯养成计划，如 28 天冥想挑战；短期目标达成项目，如 1 个月减重 5 千克；紧急问题解决服务，如 2 小时面试指导服务
中期	3 个月、6 个月等	项目制指导服务，如为期 6 个月的个人品牌建设服务；长期目标规划服务，如 3 个月的创业指导服务，帮助初创企业发展； 生活方式改变计划，如为期 6 个月的健康生活方式指导服务
长期	1 年及以上	持续性成长计划，如 1 年以上的领导力培养等；创业服务，为创业者提供长期的创业资源支持

三、社群服务变现的运作模式

社群服务变现通常要以免费社群（提供免费内容、活动等）为基础，聚集目标人群，再通过各种手段将部分社群成员转化为付费成员。在这样的背景下，社群服务变现通常会采用以下运作模式。

（1）普通群+会员群。设立一个免费的普通群用于宣传和推广服务，同时设立一个收费的会员群提供更深入的服务。例如，普通群定期举办公益性讲座或分享会，提供基础知识和行业资讯，会员群提供答疑（见图 7-15）、一对一咨询等增值服务。

（2）线上推广+线下付费服务。在线上社群通过免费活动、内容来吸引人气，并借此机会宣传推广线下社群服务。图 7-16 所示的同城付费社群通过线上进行宣传、引流，在线下组织各类活动。

图 7-15　答疑服务

图 7-16　同城付费社群

（3）线上推广群+线上会员群+线下体验。这种模式是前两者的综合：线上推广群提供免费的基础内容和服务，吸引目标人群加入；线上会员群提供批改作业、个性化学习路径规划、一对一咨询等增值服务；线下体验则提供亲身感受具体服务的机会，如实地考察知名企业、带队徒步、企业家社交聚会。

四、社群服务变现的收费策略

社群服务变现在收费时可以灵活采用以下策略。

（1）收取押金。收取押金即在社群成员支付的费用中划拨一定金额作为押金，其核心在于通过收取押金来规范社群成员行为，过滤掉那些可能只有短暂兴趣的社群成员，同时激励社群成员更积极地参与社群活动。如果社群成员在整个服务期内遵守了所有规则并完成了相关任务（如果有要求的话），押金将在服务结束后退还；否则，则根据社群政策扣除相应的押金。例如，某社群开展付费服务"22 天行动训练营"，社群成员交纳的入群费用中包含了押金，规定未完成任务则扣除押金。

（2）费用递增。费用递增即收费标准随加入付费社群的社群成员数量的变化而变化。例如，"共同成长"社群的年费随社群成员增加而递增（设有上限）。因为随着社群成员的增加，付费社群的运营成本也会相应增加，递增的收费策略有助于分摊这些增加的成本，而且也可以激励人们尽早加入社群。

（3）身份分级。身份分级即不同身份级别的社群成员享有不同的收费标准和服务，其优点是能满足不同群体的需求，通过价格差异实现差异化服务。例如，将社群成员分为普通会员（会员费为 199 元/年）、高级会员（会员费为 299 元/年）、VIP 会员（会员费为 399 元/年）等，为其提供不同服务。

（4）团购优惠。团购优惠即多人组团购买时给予折扣优惠，其优点是利用团购效应吸引更多人加入社群。如某社群规定，3 人拼团享受 8 折优惠。

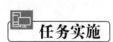
任务实施

任务演练：策划社群付费服务

【任务目标】

评估"库优健身联盟"社群是否具备服务变现的条件，若具备，策划适合该社群的付费服务，为社群带来更多收入。

【任务要求】

本次任务的具体要求如表 7-8 所示。

表 7–8　　　　　　　　　　　　　　　　任务要求

任务编号	任务名称	任务指导
（1）	分析社群服务变现条件	从社群成员信任基础、社群运营能力、专业能力等方面分析评估社群是否具备服务变现条件

（续表）

任务编号	任务名称	任务指导
（2）	定位社群服务	围绕运动健身领域选择有特色的服务
（3）	确定付费周期	从服务特点、对社群运营收入的影响等方面确定付费周期
（4）	确定运作模式	以现有社群为基础，并新建小群
（5）	确定收费方式	划分不同的会员等级，设置不同的价格并提供不同的服务

【操作过程】

（1）分析社群服务变现条件。"库优健身联盟"社群经过一段时间的运营，已经获得一批社群成员的认可，他们对社群的信任度很高；"库优健身联盟"的社群运营团队较为成熟，具备一定的运营经验，能够搭建完善的服务体系，覆盖包括从初步咨询到执行跟踪再到处理售后问题的全套流程；"库优健身联盟"社群目前已与多名资深健身教练达成合作，他们具备国家认证的资格证书，并拥有丰富的实战经验。因此，小张认为"库优健身联盟"社群已经具备开展服务变现的条件。

（2）定位社群服务。考虑到"库优健身联盟"社群的成员分布在全国各地，因此应专注于提供线上服务，在运动健身领域中，线上服务主要包括一对一咨询、定制健身计划、人工监督运动、专业营养指导等。这些服务的特色在于：为个人量身定制，充分考虑个人的实际身体、运动情况，比起泛泛的健身知识，更具有实践指导性，对于渴望提升健身效果的社群成员具有吸引力。

（3）确定付费周期。针对以上服务，选择中期付费周期，具体为 6 个月。原因是：6 个月的周期对于健身习惯的形成和改变来说是一个合理的时间段，足够让社群成员看到显著的进步和成果；而且，相比于短期付费周期，6 个月的周期意味着社群运营收入更加稳定，有助于"库优健身联盟"社群做出更长远的规划。

（4）确定运作模式。基于社群服务定位，小张认为可以采用"普通群+会员群"的运作模式。普通群即原有的社群，依旧提供免费的健身基础知识、健康饮食建议和健身资讯，吸引潜在成员；而会员群是新建的小群（每个小群人数控制在 20 人以内），只邀请付费成员加入，由专门的社群管理员负责维持秩序，群内主要进行问答咨询等，同时提供付费增值服务。

（5）确定收费方式。付费服务采用身份分级的收费方式：普通会员费用为 99 元/6 个月，提供基础的健身计划制订、营养建议和每月一次的健身进度评估服务；高级会员费用为 199 元/6 个月，除了享受普通会员的所有权益外，还可享受每周两次视频健身指导、一对一健身咨询服务。

技能练习

为一个创业社群（运营成熟、社群成员基础好、具备在各地开展线下活动的能力）策划付费服务，包括确定服务类型、付费周期、运作模式、收费方式。

综合实训　为职场交流社群规划变现模式

实训目的：通过规划社群变现模式，巩固社群变现的相关知识。

实训要求：某职场交流社群专注于为职场人士提供一个分享经验、获取职业发展资源和建立人际关系的平台。社群已运营一段时间，积累了良好的口碑和一批忠实成员，现计划通过产品、知识和服务的变现，进一步提升社群价值，同时为社群运营带来持续的收入。请为该社群规划变现模式。

实训思路：本次实训的具体操作思路可参考图7-17。

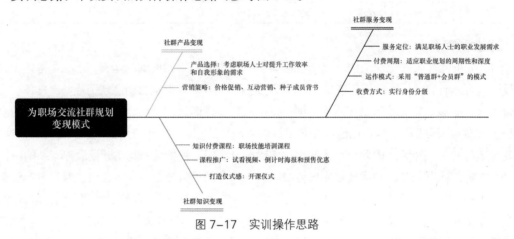

图 7-17   实训操作思路

实训结果：本次实训规划的参考变现模式如图 7-18 所示。

> **1. 社群产品变现**
> 产品选择：考虑到职场人士对提升工作效率和自我形象的需求，选择销售高性价比的正装皮鞋、皮带、领带、衬衣等。
> 营销策略：通过社群内部的优惠券、稀缺性折扣刺激购买欲望，同时邀请社群内的种子成员试穿并分享试穿照片和正面感受，为其他社群成员"种草"。
> **2. 社群知识变现**
> 知识付费课程：开发一系列职场技能培训课程，如"高效会议管理""职场沟通艺术"等，以在线视频课程的形式提供。课程将由行业专家讲授，确保内容的专业性和实用性。
> 课程推广：通过社群内的试看视频、倒计时海报和预售优惠，为课程造势，激发社群成员的学习兴趣。
> 打造仪式感：举办开课仪式，邀请讲师进行课程导学，并鼓励社群成员完成一项小任务——撰写个人职业规划，并分享至社群。
> **3. 社群服务变现**
> 服务定位：提供个性化职业规划咨询、简历优化和面试技巧培训等服务，满足职场人士的职业发展需求。
> 付费周期：设定中期付费周期——6 个月，以适应职业规划的周期性和深度。
> 运作模式：采用"普通群+会员群"的模式。普通群免费提供职业发展趋势分析、职场话题交流等内容，吸引潜在成员；会员群则为付费成员提供一对一咨询、个性化职业规划等增值服务。
> 收费方式：实行身份分级，将社群成员分为普通会员（提供基本咨询服务）、高级会员（包含简历优化服务）和 VIP 会员（提供面试模拟和个性化职业规划服务），分别设定不同的年费。

图 7-18   参考变现模式

 **巩固提高**

1. 适合在社群内销售的产品有哪些特点？

2. 如何在社群内营销产品？

3. 列举社群知识付费内容的类型及其对应的目标用户。

4. 在社群知识变现中，如何打造仪式感？

5. 社群服务变现的条件有哪些？

6. 社群服务的付费周期有哪些类型？

7. 概述 3 种社群服务变现的运作模式，并举例说明。

8. "宝贝成长记"成立于 2021 年初，其社群成员是新手妈妈。社群旨在为新手妈妈们提供一个分享育儿经验、寻求育儿建议、学习育儿知识的平台。社群通过举办线上讲座、组织线下亲子活动等方式，聚集了超过 5000 名成员，成员遍及全国各地。请为该社群设计一套完整的变现方案，包括社群产品、知识和服务变现的策略。

社群数据分析

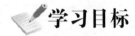 学习目标

【知识目标】

1. 掌握社群成员数据分析的相关知识。
2. 掌握社群内容数据分析的相关知识。
3. 掌握社群销售数据分析的相关知识。

【技能目标】

1. 能够分析社群成员数据并提出有针对性的优化策略。
2. 能够分析社群内容数据并提出有针对性的优化策略。
3. 能够分析社群销售数据并提出有针对性的优化策略。

【素养目标】

在进行社群数据分析时，保持认真、仔细的工作态度，培养严谨的思维方式，以确保分析的准确性。

项目导读

社群数据分析是指收集、整理和分析社群平台上的数据，以洞察社群成员的行为模式、偏好、互动频率以及社群的整体健康状况。社群数据分析通常涵盖社群成员数据、内容数据、销售数据等多个维度，旨在了解社群的运行情况和社群成员的参与度，从而帮助社群运营人员做出更明智的决策，以更好地优化社群运营策略，提升社群的价值和吸引力。

"库优健身联盟"社群进入成熟期后，平稳运营了一段时间，但由于社群运营缺乏坚实的基础，运营人员总是靠主观判断来制定运营策略，久而久之，社群发展陷入瓶颈。于是，老李安排小张进行社群数据分析，以客观、直观的数据来指导社群运营工作。鉴于社群数据分析是一项复杂的工作，而小张缺少相关经验，老李安排小张先以一个分群——"库优健身联盟 5 群"为"试验田"（控制数据规模），分析社群数据并制定优化策略。

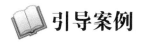

引导案例

科技社群利用数据分析优化运营

某科技产品爱好者社群成立于 2020 年，初期主要依靠口碑和小范围的线下活动吸引用户。社群的目标是聚集对最新科技产品有共同兴趣的用户，分享产品评测信息、技术教程和行业资讯。随着时间推移，社群规模逐渐扩大，但活跃度下降、成员流失以及社群产品销售状况不佳等问题随之出现。

为改善社群运营状况，社群管理员决定采用数据分析策略。分析发现，大部分成员在晚上 8 点至 10 点最活跃；高质量内容（如深度评测、分析）的帖子比普通资讯帖子获得了更多的互动；新加入的成员在前两周内的流失率高达 40%；那些在加入后立即参与互动的成员的留存率显著高于平均水平；社群产品促销活动转化率低，尤其是高价值产品。

基于上述分析，社群运营团队实施了以下优化措施：调整内容，增加高质量内容的比例，集中在成员活跃时段发布；针对新成员发送欢迎私信，包含新手指南和引导首次互动的提示；引入分阶段的促销策略，先提供试用机会或小额优惠，逐步引导成员进行更高金额的消费。

经过几个月的持续优化，社群的活跃度显著提高，成员平均在线时长增加了 30%，新成员在两周后的留存率提升了 20%，转化率也提高了 15%，整体满意度提升，社群氛围更加活跃与和谐。

点评：该案例展示了数据分析在社群运营中的重要作用，通过精准的数据洞察，该社群运营团队识别出社群运营中的问题，并有针对性地制定优化策略，最终显著提升了社群的活跃度、成员留存率和转化率。

任务一　社群成员数据分析

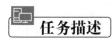　任务描述

老李发现，"库优健身联盟 5 群"的社群成员不如其他分群活跃，于是安排小张首先分析"库优健身联盟 5 群"两周内（2024-07-01—2024-07-07、2024-07-08—2024-07-14）的社群成员数据，通过对比分析找出存在的问题，并有针对性地优化。任务单如表 8-1 所示。

表 8-1　　　　　　　　　　　　　　任务单

任务名称	社群成员数据分析	
任务背景	"库优健身联盟 5 群"属于新群（其他分群人数已满），新成员较多，相对来说活跃度不如其他分群，且成员新增速度较慢，社群总人数在 400 人左右	
任务类别	■ 社群成员数据分析　□ 社群内容数据分析　□ 社群销售数据分析	
工作任务		
任务内容		任务说明
任务演练：使用 AI 工具分析成员数据指标并优化		统计社群成员数据→分析社群成员数据→提出优化策略

任务总结：

 **知识准备**

一、成员数据指标分析及其优化策略

社群成员数据分析是社群运营中至关重要的环节，它可以帮助社群运营人员了解社群的健康状况、成员行为模式以及社群的潜在价值。常见的成员数据指标及其优化策略如表 8-2 所示。

表 8-2　　　　　　　　　　　　　　成员数据指标及其优化策略

指标名称	含义	说明	优化策略
成员规模	指社群总成员数	反映社群的规模和潜在影响力	通过高质量内容和活动吸引更多人加入；加强社群品牌建设
新增成员数	指在特定的时间周期（如一天、一周）内，加入社群的新成员的数量	反映社群的吸引力，新增成员数多，表明社群具有吸引新成员加入的特质	多渠道引流，利用社交媒体、合作伙伴等资源吸引新成员；举办吸引新老成员参与的裂变活动
流失成员数	指在特定周期（如一天、一周）内退出社群的成员数量	反映社群的稳定性和社群成员留存情况，流失成员数少，表示社群具有较好的稳定性和社群成员留存情况，社群成员对社群的忠诚度较高	定期收集社群成员反馈，了解成员流失原因；提升社群成员体验和社群价值
入群率	指通过特定渠道引导加入社群的人数占该渠道总曝光量的比例。例如，某社群在微博发布了引流文案，该文案被阅读 5000 次，其中有 50 人通过文案中的链接加入社群，那么入群率=50/5000×100%=1%	衡量社群吸引新成员的能力，入群率高表明社群的吸引力强，推广策略有效	优化入群渠道和引流内容，提高曝光率；设置吸引新成员的福利
退群率	指在一定周期内流失成员数占该周期开始时的社群成员总数的比例。例如，某社群在月初有 1000 名成员，月末时有 50 名成员退群，那么退群率=50/1000×100%=5%	反映社群能否留住成员，退群率上升可能意味着社群价值下降或社群成员体验不佳	提高社群内容和互动质量；增强社群成员的归属感和黏性
净增成员数	指在一定周期内社群新增的成员数减去同期内离开社群的成员数，它反映社群在该周期内的实际成员增长情况。例如，某社群在月初时有 1000 名成员，在该月内，社群新增 150 名成员，同时有 50 名成员选择离开社群，净增成员数=150-50=100 名	直接体现社群成长的速度，是评估社群扩张能力的重要指标，净增成员数多，表明社群成长速度快，社群扩张能力强	增加新增成员数的同时，减少流失成员数；强化社群核心价值
留存率	用来衡量在一定周期内，新加入社群的成员仍然留在社群的比例，留存率=周期内留存的成员数/新增成员数×100%。例如某社群在 1 月份新增了 200 名成员，到了 2 月底，这 200 名新成员中有 150 人仍然活跃在社群内，则留存率=150/200×100%=75%	衡量社群成员的长期参与度，是评估社群长期价值和社群成员黏性的关键指标	持续提供价值，保持内容更新和互动；构建积分体系，激励成员
日/周活跃成员数	即每日/周至少活跃一次的成员数量,如某社群一天内有 100 名成员在群内发言，那么日活跃成员数为 100 名	衡量社群日常活跃程度，日/周活跃成员数多，表明社群日常活跃程度高，社群成员参与度高、互动性强	定期举办社群活动，激发社群成员参与积极性；优化社群规则，促进良性互动

（续表）

指标名称	含义	说明	优化策略
人均发言频次	指在一定周期内，社群中每名成员平均的发言次数，人均发言频次=社群总发言次数/统计周期结束时社群成员数量。例如，某社群在一个月内的总发言次数为6000次，而该社群月末的成员总数为400人，则该月社群人均发言频次=6000/400=15次	反映社群内部的沟通密度，体现社群成员的参与度和互动性	鼓励社群成员表达意见，创建开放讨论环境；设置话题引导讨论
社群活跃度	即在特定时间周期内的活跃成员数量（至少有过一次发言、评论、点赞或其他互动行为的成员数量）与在统计周期结束时社群总成员数量的比例。例如，某社群在7月末的总人数为1000人，在该月内有200名成员至少参与了一次社群互动，则社群活跃度=200/1000×100%=20%	反映社群内部成员的参与程度和互动频率：社群活跃度高表明社群成员积极参与，互动频繁；而社群活跃度低可能意味着社群缺乏吸引力或存在某些阻碍社群成员参与的因素	提高社群成员参与度，如举办竞赛、投票等活动；维护社群氛围，防止"灌水"

行业点拨

在退群率的计算公式中，分母是统计周期开始时的社群成员总数，因为如果使用统计周期结束时的社群成员总数来计算退群率，在成员数增加的情况下，计算出的退群率会偏低。例如，有A、B两个社群，初始都有100名成员。在某月结束时，社群A没有任何新成员加入，社群B有50名新成员加入，两个社群都有10名成员流失。此时，使用统计周期结束时的社群成员总数来计算退群率，社群A的退群率=10/100×100%=10%，社群B的退群率=10/150×100%≈6.67%。这可能会给人一种社群B比社群A更稳定的错觉，但实际上两个社群的成员流失情况是相同的。

二、成员分层与精细化管理

成员分层与精细化管理是社群运营中一项重要的策略，它通过将社群成员按照一定的标准进行分类，然后针对不同层级的社群成员实施差异化管理，以提高社群活跃度、成员满意度和转化率。

（一）成员分层的依据

社群成员分层主要依据以下两个指标。

（1）活跃指数。活跃指数是衡量社群成员参与社群活动频率和深度的综合指标，包括发帖、回复、评论的数量和频率，参与社群活动的次数，与社群内其他成员互动的频率（如点赞、分享、私信等），登录或访问社群的频率。活跃指数高的社群成员通常对社群的氛围和内容有较高的参与度和贡献度。

（2）消费行为指数。消费行为指数关注社群成员在社群内的购买行为和消费模式，尤其适用于涉及付费交易的社群。消费行为指数包括购买频率（如每月购买次数或年度购买次数）、消费金额（社群成员在社群内的总消费金额）。

（二）成员分层管理

根据活跃指数、消费行为指数可以将社群成员分为以下5个层级，社群运营人员可以针对不同层级的社群成员实施不同的管理策略，如表 8-3 所示。

表 8-3　　　　　　　　　　　　　　成员分层管理策略

成员层级	对应活跃指数	对应消费行为指数	管理策略
超级成员	极高，频繁参与社群活动，积极互动	高，经常在社群内购买产品，消费金额大	提供专属优惠或服务、赋予社群管理权限、给予特殊的社群头衔、提供较丰厚的物质奖励
核心成员	高，定期参与社群活动，保持稳定互动	较高，偶尔在社群内购买产品，消费金额适中	提供个性化内容和活动，设计清晰的成长体系和激励体系（如积分体系）
普通成员	中，偶尔参与社群活动，互动频率一般	中，偶尔在社群内消费，消费金额一般	通过社群活动和内容营销，提高其参与度，同时提供适度的优惠，鼓励消费
边缘成员	低，较少参与社群活动，互动频率低	较低，消费金额小	采用重新激活策略，如定向营销、提供特别优惠、分享社群近期精彩活动或内容，尝试提升其参与度，增强其消费意愿
静默成员	极低，极少参与社群活动，互动频率极低	低，很少在社群内消费，消费金额小或无消费记录	

⏰ 行业点拨

　　当前市面上有很多付费社群管理工具，如蜂鸟裂变、小裂变、微伴助手等。以蜂鸟裂变为例，其提供社群裂变（活码系统、自动欢迎语、群成员去重、邀请人数统计）、群运营（群分组管理、入群欢迎语、群关键词回复、群公告、广告监控）、群积分（积分获得、积分消耗）、素材库等功能。此外，蜂鸟裂变还支持社群数据分析与导出，系统可以自动统计成员数据、群聊数据等，并以图表等形式直观呈现，可以快速提升社群数据分析的效率，有足够预算的大型社群可以考虑购买其服务。

💻 任务实施

☕ 任务演练：使用 AI 工具分析成员数据指标并优化

【任务目标】

　　分析"库优健身联盟 5 群"2024-07-01—2024-07-07、2024-07-08—2024-07-14 这两个时间段的社群成员数据，找出社群运营存在的问题并加以优化。

【任务要求】

本次任务的具体要求如表 8-4 所示。

表 8-4　　　　　　　　　　　　　　任务要求

任务编号	任务名称	任务指导
（1）	统计社群成员数据	将群聊记录整理成文档，借助 AI 工具统计社群成员活跃情况，并整理、计算社群成员数据
（2）	分析社群成员数据	基于第一、第二周数据对比，找到第二周存在的问题
（3）	提出优化策略	针对发现的问题，提出有针对性的优化策略

【操作过程】

1. 统计社群成员数据

小张首先将群聊记录整理成文档，然后使用 AI 工具阅读分析文档的功能进行数据统计，再对数据进行整理、计算，具体步骤如下。

（1）转发群聊记录。进入目标社群，长按 2024 年 7 月 1 日的第一条消息，在打开的列表中点击"多选"按钮，选中后续的群聊消息前的复选框，点击下方的"邮箱"按钮，如图 8-1 所示。在打开的界面中设置收件地址，点击"发送"按钮，如图 8-2 所示。多次重复该操作，直至将 2024-07-01—2024-07-07 的群聊消息全部转发。

图 8-1 多选群聊记录　　　　图 8-2 转发群聊记录

（2）将群聊记录整理成文档。进入 QQ 邮箱首页，打开收到的邮件，复制其中的聊天记录，将其粘贴到 Word 文档中。

（3）利用 AI 工具统计成员活跃情况。进入通义网站，上传刚整理的群聊记录文档，并输入数据的统计要求，通义回复了统计结果（这里只展示部分结果），如图 8-3 所示，从中可知周活跃成员数、社群总发言次数。按照相同的方法统计 2024-07-08—2024-07-14 的成员活跃情况。

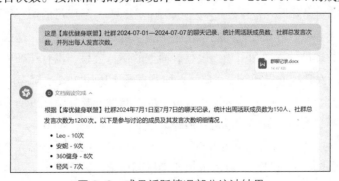

图 8-3 成员活跃情况部分统计结果

（4）整理并计算社群成员数据。小张从社群管理员处获取了社群成员名单（包含加群、退群成员），并结合此前统计的成员活跃情况，得出了新增成员数、流失成员数、加入 7 天后依然活跃的成员数（通过比对周活跃成员名单得出），然后根据计算公式计算出其他数据指标，最终结果如表 8-5 所示。

表 8-5 社群成员数据

指标名称	第一周（2024-07-01—2024-07-07）	第二周（2024-07-08—2024-07-14）
初始成员数	400	420
新增成员数	30	10
流失成员数	5	20
净增成员数	30-5=25	10-20=-10
周末成员数	400+25=425	420-10=410
退群率	5 / 400×100%= 1.25%	20 /420×100%≈ 4.76%
7 天留存率	2024-06-24—2024-06-30 新增的 30 人，7 天后仍有 18 人活跃，留存率 =18/30×100%=60%	2024-07-01—2024-07-07 新增的 10 人，7 天后仅有 2 人活跃，留存率 =2/10×100%=20%
周活跃成员数	150	100
社群总发言次数/次	1200	750
人均发言频次/次	1200/425≈2.82	750/410≈1.83
社群周活跃度	150/425×100%≈35.29%	100/410×100%≈24.39%

2. 分析社群成员数据

小张对第一周、第二周的社群成员数据进行对比分析，找出了第二周社群存在的问题。

（1）净增成员数显著下降。第二周社群的新增成员数从 30 人减少至 10 人，流失成员数也从 5 人激增至 20 人，这导致净增成员数首次出现显著负增长（-10 人）。这表明社群在吸引新成员和留住现有成员两个方面都存在一定的问题。在吸引新成员方面，小张认为主要原因是近期社群微博引流文案附带的话题标签热度不够，导致曝光度下降；在留住现有成员方面，小张认为上周有部分成员在群中发了很多无意义的信息，社群管理员没有及时制止，导致有些成员反感，进而流失。

（2）7 天留存率明显降低。7 天留存率从 60% 降至 20%，新成员的留存情况不容乐观，这表明社群在新成员引导和融入方面存在问题。小张查看了群聊记录后认为，这很可能是因为新成员加入社群后，社群管理员的欢迎和引导仅仅是表面上的例行公事，没有让新成员真正融入社群。

（3）人均发言频次和社群周活跃度下降。人均发言频次从约 2.82 次降至约 1.83 次，社群周活跃度从约 35.29% 降至约 24.39%，这表明社群成员的参与度和整体活跃度明显降低。小张查看了群聊记录后发现，第二周群内组织的讨论、话题分享等活动与第一周基本一致（甚至与前几周的活动内容类似），同时社群管理员引导互动的方式、话术缺乏新意，可能已无法激发社群成员的参与欲望。由此推测，随着时间推移，社群成员逐渐感到厌倦，因而减少了发言和互动。

3. 提出优化策略

针对以上问题，小张提出以下优化策略。

（1）优化微博引流策略。研究健身领域的热点话题，结合社群特色，选择更与时俱进的话题，如选择与大型体育赛事相关的话题，而非普通的运动健身等话题。

（2）加强对社群管理员的培训与激励。针对社群"刷屏"、新成员引导不足等问题，对分管"库优健身联盟5群"的社群管理员进行专题培训，利用具体的案例加以教导，提高他们处理社群事务的专业度和敏感度。同时与表现懈怠的社群管理员进行一对一的交流，了解其真实想法，并对其加以激励，包括适当发放物质奖励，或给予精神层面上的表扬、鼓舞等，增强其工作动力。

（3）加大内容创新力度。每周更新社群话题讨论、社群分享等的内容，可以加入实时的体育赛事讨论等内容，如奥运会、羽毛球赛事、网球赛事等，打破内容趋于同质化的局面。

任务二　社群内容数据分析

 **任务描述**

在分析"库优健身联盟5群"的社群成员数据并做出优化后，老李发现社群运营情况确实有所好转，社群活跃度有所提升，于是安排小张进一步分析社群内容数据，为社群运营提供更多有价值的洞察信息。任务单如表8-6所示。

表8-6　　　　　　　　　　　　　　　　　　任务单

任务名称	社群内容数据分析	
任务背景	"库优健身联盟5群"中，每天都产生一定数量的群聊消息，这些消息能反映该分群成员的内容喜好，有助于社群运营人员后续推出更有吸引力的内容，因此有必要分析社群内容数据	
任务类别	☐ 社群成员数据分析　■ 社群内容数据分析　☐ 社群销售数据分析	
工作任务		
任务内容		任务说明
任务演练：使用 AI 工具统计、分析社群内容数据并提出优化策略		借助 AI 工具快速统计社群内容数据，再人为分析这些数据，然后提出优化策略

任务总结：

 知识准备

一、社群内容数据的分析指标

社群内容数据分析通常涉及收集、整理和解释社群内产生的内容和互动相关的数据，以洞察社群成员的行为、偏好、参与度和社群的整体健康状态。具体来说，社群内容数据分析指标如下。

（1）消息总量和人均消息量。这两个指标反映社群的总体活跃水平和社群成员的参与度。消息总量和人均消息量多，可能表明社群讨论和交流较多，还可能意味着社群氛围热烈，社群成员之间有良好的互动。分析这两个指标时，还需考虑社群规模的大小。

（2）消息响应时间。消息响应时间是衡量社群健康度的一个重要指标，消息响应时间短说明社群成员对内容高度关注且愿意积极参与讨论。

（3）内容类型分布。通过分析社群中不同类型内容（文本、图片、视频、链接等）的发布情况，洞察社群成员更喜欢哪种类型的内容，从而指导内容创作策略。例如，如果发现视频内容的受欢迎程度最高，社群运营人员可以增加视频内容的制作和分享。

（4）点赞、评论和分享的数量。这些互动指标直接反映内容的受欢迎程度和社群成员的参与热情。点赞量和评论量高表示内容受到认可，而分享量高则表明内容具有传播力，能激发社群成员的传播欲望。

（5）活跃时段。将一天分为若干时段（如早间、午间、晚间），统计每个时段的消息数量，识别社群最活跃的时段，再据此安排活动或发布内容。例如，如果晚上 7 点至 9 点是社群的活跃时段，那么在这段时间发布重要公告或开展活动更有可能获得更多关注。

（6）高频词。高频词是指社群交流中最常出现的词。高频词可以帮助社群运营人员了解社群内的热点以及社群成员感兴趣的话题、需求和关注点。基于高频词，社群运营人员可以精准地策划活动和营销策略，从而提高社群的吸引力和社群成员的黏性。例如，如果在美食社群中，"健康饮食"是高频词，社群运营人员可以围绕这一主题组织讨论会或分享相关知识。

二、利用内容数据优化社群运营

通过深入分析社群内容数据，社群运营人员可以采取一系列有针对性的策略优化社群运营。

（1）根据消息总量和人均消息量进行的优化。若消息总量和人均消息量较低，可引入热门话题、举办有奖竞赛或问答活动来激发社群成员的参与热情，增加消息产生量。

（2）根据内容类型进行的优化。对于受欢迎程度低的内容类型，如文本，可以改进其质量、优化展示方式或减少发布。同时将更多资源投入受欢迎的内容类型，如增加视频制作预算，或与专业创作者合作，以进一步提升视频的吸引力。

（3）根据点赞、评论和分享数量进行的优化。深入研究点赞、评论和分享数量多的优质内容，总结其成功要素和模式，并将其应用于后续创作中；给予发布优质内容的社群成员奖励和荣誉，激励更多社群成员创作高质量内容。

（4）根据活跃时段进行的优化。在低活跃度时段，可以减少负责实时监控和互动的社群管理员数量；在高活跃度时段，安排大型线上讲座、直播活动等，充分利用社群成员的在线时间，提高活动参与度和效果。

（5）根据高频词进行的优化。围绕热门话题开展专题讨论、组织专家分享、推出相关产品或服务。例如，在科技社群中，若"人工智能"是高频词，可邀请业内专家开展有关人工智能的讲座，或推荐相关培训课程、图书等，以满足社群成员的需求，提升社群价值。

**任务实施**

任务演练：使用 AI 工具统计、分析社群内容数据并提出优化策略

【任务目标】

统计并分析"库优健身联盟 5 群"2024-07-22—2024-07-28 这一时间段的社群内容数据，然后提出优化策略。

【任务要求】

本次任务的具体要求如表 8-7 所示。

表 8-7　　　　　　　　　　　　　　　　任务要求

任务编号	任务名称	任务指导
（1）	统计社群内容数据	整理群聊记录，并使用 AI 工具进行统计
（2）	分析社群内容数据	根据 AI 工具的统计结果，分析社群内容数据，并提出优化策略

【操作过程】

1. 统计社群内容数据

小张首先将 2024-07-22—2024-07-28 的群聊记录整理成 Word 文档，然后进入通义网站，上传该文档，并输入数据的统计要求，通义回复了统计结果（这里只展示部分结果），如图 8-4 所示。

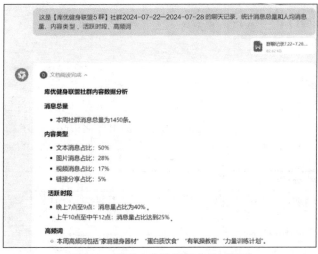

图 8-4　社群内容数据部分统计结果

2. 分析社群内容数据

小张基于以上社群内容数据的统计结果，进行了以下几个方面的深入分析。

（1）社群活跃度。本周社群消息总量为 1450 条，社群成员为 452 名，人均消息量约为 3.2 条，这反映出社群成员之间保持了较高的交流频率，说明此前的优化策略取得了一定的效果。

（2）内容类型偏好。文本消息占比最高（50%），图片（28%）和视频（17%）消息的占比较高，

表明社群成员偏好视觉内容。链接分享占比（5%）适中，表明社群成员愿意分享和探索外部资源。

（3）活跃时段。晚上 7 点至 9 点为社群最活跃的时段，适合安排重点活动。上午 10 点至中午 12 点活跃度也较高，可以发布重要内容。

（4）成员内容偏好。高频词包括"家庭健身器材""蛋白质饮食""有氧操教程""力量训练计划"，表明社群成员对健身/力量训练的兴趣较大，尤其关注如何在家中健身、如何合理安排健身计划和饮食。

3. 提出优化策略

基于以上信息，小张提出以下优化策略。

（1）增加多媒体内容。鉴于图片和视频消息的占比较高，社群运营人员可以制作或分享专业且吸引人的健身教程视频及高质量的运动图解图片，以满足成员对视觉内容的偏好。

（2）优化内容安排时段。在晚上 7 点至 9 点的黄金时段，安排在线健身直播、教练指导或社群分享会，以吸引社群成员的参与。上午 10 点至中午 12 点，可以发布实用的健身小贴士或健康饮食建议，以提升社群成员的日常参与度。

（3）围绕高频词策划内容/活动。围绕"家庭健身器材"这一高频词，分享详尽的家庭健身器材购买指南，包括各类器械的组合、产品性价比分析，还可以邀请社群成员展示自己的居家健身器材；围绕"蛋白质饮食"这一高频词，发布相关科普文章，讲解蛋白质对健身增肌的重要性，提供高蛋白质食谱和营养搭配建议；围绕"力量训练计划"这一高频词，推出力量训练付费课程，包括基础力量训练动作教学、避免受伤的技巧等内容。

任务三　社群销售数据分析

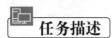

任务描述

"库优健身联盟 5 群"社群的销售逐渐步入正轨，老李安排小张开展社群销售数据分析，通过直观的数据洞察社群销售情况，并为后续的社群销售提出优化策略。任务单如表 8-8 所示。

表 8-8　　　　　　　　　　任务单

任务名称	社群销售数据分析	
任务背景	在社群销售方面，"库优健身联盟 5 群"分别在 8 月 5 日和 8 月 15 日通过"群里团购"小程序开展了一次拼团接龙（分别发放总金额为 500 元、1000 元的优惠券），两次销售的产品相同，均为库优品牌的小件运动用品，包括运动袜、护腕、羽毛球、运动水壶	
任务类别	☐ 社群成员数据分析　　☐ 社群内容数据分析　　■ 社群销售数据分析	
工作任务		
任务内容	任务说明	
任务演练：分析社群销售数据并提出优化策略	先从"群里团购"小程序中导出两次拼团接龙的销售数据，再进行对比分析，最后根据数据分析结果提出优化策略	

任务总结：

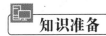
知识准备

一、常见的社群销售数据指标

社群销售数据指标是衡量社群营销效果和销售业绩的关键参数，通过分析这些指标，社群运营人员可以评估社群销售策略的效果、识别增长机会，以及调整营销计划，以提高社群销售业绩。常见的社群销售数据指标如下。

（1）销售额。销售额是最能直观反映社群销售情况的指标，其计算公式为：销售额=销售单价×销售数量。例如，某社群在一个月内销售了100件单价为50元的产品，销售额为5000元。

（2）转化率。转化率是衡量社群内销售转化效率的基本指标，代表社群成员转化为实际买家的比例，其计算公式为：转化率=完成购买成员数/成员总数×100%。例如，某社群有1000个成员，其中有100人下单，转化率就是10%。

（3）客单价。客单价反映每名成员的平均消费金额，计算公式为：客单价=总销售额/成交成员数。例如，一个社群的总销售额为10000元，成交成员数为50人，则客单价为200元。高客单价可能表明社群成员具有较强的付费意愿。

（4）复购率。复购率用于衡量社群成员再次购买的比例，计算公式为：复购率=重复购买的成员数/总下单成员数×100%。复购率是社群成员忠诚度和满意度的直接体现。例如，在过去一年，某社群中有1000名成员下单购买社群产品，其中300名成员在首次购买之后至少进行了一次重复购买，此时复购率为30%。

（5）投入产出比（Return On Investment，ROI）。ROI用于衡量社群营销活动的财务回报，计算公式为：ROI=（销售收入−投资成本）/投资成本×100%。ROI越高，说明营销效率越高。例如，某社群为某次营销活动投入了10000元，活动结束后，社群通过这次营销活动卖出了价值30000元的产品，那么相应的ROI=（30000−10000）/10000×100%=200%。这意味着社群营销活动产生了200%的ROI，即每投入1元，就带来了2元的销售收入。

（6）退货率。退货率反映社群销售的产品质量和服务水平，计算公式为：退货率=退货数量/销售总量×100%。例如，某社群在上一季度共销售了1万件产品，其中有300件被退回，则退货率为3%。高退货率可能会影响社群声誉，社群运营人员应及时采取适当的改进措施。

> 素养课堂
>
> 社群通常是一个较为私密和封闭的销售环境，不像传统电商平台拥有成熟和严格的监管体系。因此，在社群中销售产品时，社群运营团队应该主动承担起相应责任，如实描述产品，制定明确的退换货政策，保护社群成员隐私，提供完善的售后服务，保障社群成员的消费权益，同时维护社群的信誉和品牌形象，促进社群的长期健康发展。

二、社群销售数据优化策略

社群运营人员可以针对不同的社群销售数据，制定不同的优化策略。

（1）增加销售额。要增加销售额，社群运营人员可以定期举办促销活动，如节日促销、清仓特卖，吸引新老成员购买产品；还可以在销售过程中推荐相关产品或升级版产品，提升单笔订单价值。

（2）提高转化率。要提高转化率，社群运营人员可以提升社群价值，如提高内容的吸引力、开展有意义的活动等，增强社群成员对社群的认同感和付费意愿；还可以在社群中展示正面的使用评价，或邀请有号召力的人士为产品背书。

（3）提高客单价。要提高客单价，社群运营人员可以将多个产品组合成套餐销售，鼓励社群成员一次性购买更多产品；推出满减活动，如满 200 元减 50 元，促使社群成员为获得满减优惠多买产品。

（4）提高复购率。要提高复购率，社群运营人员可以设立积分奖励、会员特权，或提供生日优惠等，激励社群成员重复购买；还可以提供快速响应的咨询服务，并妥善解决售后问题，确保社群成员拥有满意的购物体验。

（5）提高 ROI。要提高 ROI，社群运营人员需要精简不必要的营销开支，控制营销活动成本（如控制发放优惠券的数量），同时选择成本低的营销方式，如在社群中开展口碑营销等。

（6）降低退货率。要降低退货率，社群运营人员需要严格把控产品品质，尽量避免因质量问题导致的退货；提供详尽的产品信息和尺寸图表，减少因误解或实物与期望不符造成的退货。

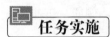

任务演练：分析社群销售数据并提出优化策略

【任务目标】

分析并优化"库优健身联盟 5 群"8 月的销售数据，争取提升后续的社群销售业绩。

【任务要求】

本次任务要求获取、整理并对比分析"库优健身联盟 5 群"8 月开展的两次拼团接龙的销售数据，并找出存在的问题，然后提出有针对性的优化策略。

【操作过程】

1. 获取数据

小张首先进入"群里团购"小程序，将销售数据导出，然后汇总、整理两次拼团接龙的销售数据，具体步骤如下。

（1）导出销售数据。进入"群里团购"小程序主界面，点击"我的"按钮，在打开的界面中点击"我创建的团购"选项，点击 8 月 5 日拼团接龙对应的选项，在打开的界面中点击左下角的"团购管理"按钮，在打开的列表中点击"导出记录"选项，如图 8-5 所示。

（2）下载销售数据。在打开的界面中点击"复制下载地址"按钮，如图 8-6 所示。在计算机中打开浏览器，粘贴该地址，在打开的页面中单击"下载文件"按钮，如图 8-7 所示，将拼团接龙的销售数据下载到计算机中。

图 8-5　点击"导出记录"选项　　图 8-6　点击"复制下载地址"按钮

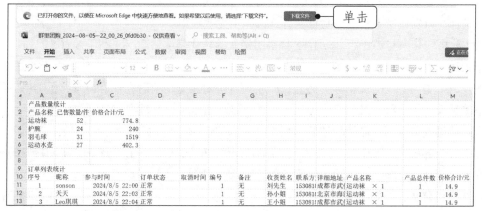

图 8-7　下载销售数据

（3）计算社群销售数据。按照相同的方法下载 8 月 15 日拼团接龙的销售数据，从下载的文件中可以直接得到销售额、完成购买成员数、复购成员数（8 月两次拼团均参加，通过比对两次下单成员名单得出）、销售总量数据，再从社群管理员处获取两次投放优惠券总金额、实时社群成员总数、退货量等数据，然后计算出其他指标，最终结果如表 8-9 所示。

表 8-9　　　　　　　　　　　　　社群销售数据

指标	8 月 5 日拼团接龙	8 月 15 日拼团接龙
销售额/元	2936.1	5222.5
营销成本/优惠券成本/元	500	1000
ROI	（2936.1-500）/500×100%=487.22%	（5222.5-1000）/1000×100%=422.25%
实时社群成员总数	455	487
完成购买成员数	49	68

（续表）

指标	8月5日拼团接龙	8月15日拼团接龙
转化率	49/455×100%≈10.77%	68/487×100%≈13.96%
客单价/元	59.92	76.80
复购成员数（8月两次拼团接龙均参加）		19
8月购买成员数总和（去重）	49+68-19=98（两次购买成员数总和-复购成员数）	
复购率		19/98×100%≈19.39%
销售总量/件	185	255
退货量/件	14	20
退货率	14/185×100%≈7.57%	20/255×100%≈7.84%

2. 分析数据提出优化策略

基于以上数据，小张对其中的重要指标进行分析，并提出优化策略，具体步骤如下。

（1）分析ROI。8月5日拼团接龙的ROI为487.22%，而8月15日拼团接龙的ROI为422.25%，两个数值都较高，表明营销活动带来显著收益；但8月15日拼团接龙的ROI稍低，主要原因是营销成本增加（从500元到1000元），后续可以考虑调整优惠券的发放策略。例如，限制优惠券的使用条件，或发放给更精准的目标群体，以减少无效成本。

（2）分析转化率与销售额。8月15日拼团接龙的转化率（13.96%）高于8月5日拼团接龙的转化率（10.77%），且销售额也明显增加（从2936.1元到5222.5元），这主要是由于8月15日拼团接龙投放了更大金额的优惠券。此外，8月5日拼团接龙结束后，社群内发起了晒单、使用心得分享等活动，为社群产品树立了不错的口碑。社群运营人员后续可以在社群中大力开展类似活动，鼓励社群成员分享产品使用体验，利用社群内的正面口碑促进销售。

（3）分析客单价。8月15日拼团接龙的客单价（76.80元）高于8月5日拼团接龙的客单价（59.92元），但均不高，这主要是由于所销售产品属于小件产品，单价较低。社群运营人员后续可以设计产品组合套餐，如将羽毛球与单价较高的羽毛球拍组合销售，或（在社群成员对于社群产品的信任度进一步提升时）推出高端产品（如跑步鞋等），以增加客单价。

（4）分析复购率。19.39%的复购率不高，主要原因是两次拼团接龙销售的产品一致，且除了羽毛球外，其他产品的更换频率不算高，因此第一次参与拼团的成员没必要在短时间内购买第二次。社群运营人员后续可以增加产品品类，尤其是增加更换频率高的产品品类，如一次性毛巾、运动绷带、网球等。

（5）分析退货率。两次拼团接龙的退货率都在7.5%~7.9%，表明社群在产品质量控制方面表现不错，但仍有提升空间。小张调查后发现，退货原因主要是产品描述与实物不符。社群运营人员后续需要优化产品描述和图片，确保产品描述与实物一致，减少因期望不符导致的退货。

综合实训　分析并优化护肤社群数据

实训目的：分析并优化社群数据，巩固社群数据分析的相关知识。

实训要求："美丽社"是一个专注于护肤经验分享与交流的论坛类社群，成立已有两年，目前拥有成员 1200 人。社群成员年龄为 18～35 岁，其中女性成员占 90% 以上。社群定期举办护肤知识讲座、产品评测分享和互动问答活动，旨在帮助社群成员解决肌肤问题，分享护肤心得。近期，该社群进行了全面的数据分析，社群销售数据如表 8-10 所示。

表 8-10　　　　　　　　　　　　　　　社群销售数据

类别	指标	数值
成员数据	总成员数	1200 人
	新增成员数（本月）	120 人
	流失成员数（本月）	30 人
	活跃成员数（上周）	400 人
内容数据	上周帖子总数	500 篇
	点赞量	1500 次
	评论量	1000 条
	分享量	200 次
	高频词	防晒、敏感肌、抗衰老
销售数据	社群自营产品销售额（本月）	30000 元
	转化率	10%
	客单价	250 元
	复购率	30%
	ROI	150%
	退货率	5%

实训思路：本次实训的具体操作思路可参考图 8-8。

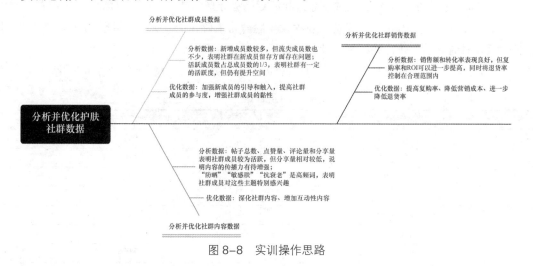

图 8-8　实训操作思路

实训结果：本次实训完成后提出的优化策略如下。

（1）社群成员数据优化策略。加强新成员的引导和融入，提供新手礼包或专属福利，增强新成员的归属感；开展更多与护肤相关的小型比赛或挑战，如"28 天护肤日记"，以提高社群成员的参与度，增强社群成员的黏性。

（2）社群内容数据优化策略。围绕高频词构思内容或活动，如邀请皮肤科医生或美妆博主进行专业分享；增加互动性内容，如护肤知识问答、产品使用心得分享，鼓励社群成员互动和分享。

（3）社群销售数据优化策略。设计会员等级制度，给予高复购率的社群成员更多优惠或礼品，提升复购率；实施更精准、个性化的营销策略，如根据社群成员的肤质和护肤需求推送相关产品，降低营销成本；加强售后服务，提高社群成员的满意度，进一步降低退货率。

巩固提高

1. 什么是入群率？如何计算？如何提高？

2. 什么是留存率？如何计算？如何提高？

3. 根据活跃指数、消费行为指数可以将社群成员分为哪些层级？不同层级的社群成员分别可以采取什么管理策略？

4. 社群运营中，如何根据活跃时段来优化活动安排？

5. 在社群销售数据中，转化率如何计算？如何提高？

6. 在社群销售数据中，复购率如何计算？能体现什么信息？

7. 在社群运营中，如果想增加销售额，可以采取哪些策略？

8. 某社群7月末的总成员数为1200人，7月新增成员数150人，7月流失成员数30人，7月活跃成员数800人，7月总销售额18000元，7月销售活动的营销成本为2000元，7月下单成员数为600人，7月重复购买的成员数为90人。请计算该社群7月的净增成员数、社群月活跃度、转化率、复购率、ROI。

9. "潮流前线"是一个专注于时尚穿搭和流行趋势分享的社群，社群目前拥有活跃成员1500人，其中女性成员占70%，男性成员占30%，年龄分布主要在18~25岁。社群成员对服装搭配、品牌故事和时尚新动态非常感兴趣。社群日常活动包括分享时尚资讯、穿搭教程、品牌推荐以及举办线上时尚秀和穿搭挑战赛。该社群的数据如表8-11所示，请分析这些数据并优化。

表8-11　　　　　　　　　　　　社群数据

指标	数值
初始成员数	1500人
新增成员数（近4周）	100人
流失成员数（近4周）	20人
净增成员数	80人
周末成员数	1580人
退群率	1.33%
7天留存率	70%
周活跃成员数	900人
社群总发言次数	2500次
人均发言频次	1.58次
社群周活跃度	56.96%